潮起之江

科技创新的新力量与新路径

朱世强　黄华新　等 著

中国出版集团 东方出版中心

图书在版编目（CIP）数据

潮起之江: 科技创新的新力量与新路径 / 朱世强,
黄华新著. 一上海: 东方出版中心,2022.9
ISBN 978-7-5473-2048-8

Ⅰ.①潮… Ⅱ.①朱… ②黄… Ⅲ.①技术革新一研
究一浙江 Ⅳ.①F124.3

中国版本图书馆 CIP 数据核字(2022)第 161878 号

潮起之江——科技创新的新力量与新路径

著　　者　朱世强　黄华新
策划编辑　潘灵剑
责任编辑　张淑媛
封面设计　钟　颖

出版发行　东方出版中心有限公司
地　　址　上海市仙霞路 345 号
邮政编码　200336
电　　话　021-62417400
印 刷 者　上海盛通时代印刷有限公司

开　　本　710mm×1000mm　1/16
印　　张　13.5
字　　数　162 千字
版　　次　2022 年 9 月第 1 版
印　　次　2022 年 9 月第 1 次印刷
定　　价　65.00 元

序

当今世界正经历百年未有之大变局，科学技术成为国家实力的关键变量，科技竞争成为国际竞争的最新焦点。党的十八大以来，以习近平同志为核心的党中央把科技创新摆在国家发展全局的核心位置，深刻把握世界科技发展大势，作出"强化国家战略科技力量、提升国家创新体系效能"的战略部署，为加快建设科技强国、实现高水平科技自立自强指明了方向。

国家战略科技力量是体现国家意志、服务国家需求、代表国家水平的科技中坚力量。2016年5月，习近平总书记在全国科技创新大会、两院院士大会、中国科协第九次全国代表大会上指出："要在重大创新领域组建一批国家实验室……成为攻坚克难、引领发展的战略科技力量……"立足新发展阶段，贯彻新发展理念，构建新发展格局，推动高质量发展，迫切需要打造一批枢纽型、平台型、战略型科技创新平台，这已经成为全国上下的高度共识。在国家层面，国家实验室不断落地，全国重点实验室优化调整、持续推进，重要科研主体能力不断提升；在地方层面，北京、上海、广东、浙江、山东、安徽、湖南等地，都在举全省之力打造高能级的重大科技创新平台。这是发挥新型举国体制优势，推动我国科技事业实现跨越式发展的生动实践。

2017年9月，作为浙江省贯彻落实中央部署、加快高水平全面建成小康社会和高水平推进社会主义现代化建设的重大举措，以探索构筑国家战略科技力量的浙江路径为使命的高能级科技创新平台——之江实验室，在时代大潮下应运而生。之江实验室由浙江省政府、浙江大学和知名企业联合共建，瞄准"三中心一高地"（"三中心"：国际一流的智能感知研究与实验中心、国际一流的人工智能创新中心、国际一流的智能科学与技术研究中心；"一高地"：全球领先的智能计算基础研究与创新高地）目标。2020年成为首批浙江省实验室，2021年正式进入国家实验室体系，成为引领支撑创新型国家和创新强省建设的战略性力量。

"之江新路"的探索表明：顶层设计的水平决定科研的高度。近年来，以国家实验室、国家科研机构、高水平研究型大学、科技领军企业为代表的国家战略科技力量，正呈现出各司其职、各具特色、协同配合的发展格局。之江实验室在这个宏观大势中发挥什么样的作用、锚定什么样的目标，这是关系到之江实验室能走多远、能建成多高水平的重大问题。作为新生力量，之江实验室从建立之初就以问题为导向，紧扣国家战略需求、浙江发展优势和产业转型升级的需要，通过前瞻性思考和整体性谋划，从顶层设计了体现自身特色的发展思路——聚焦智能感知、人工智能、智能网络、智能计算和智能系统五大科研方向，开展重大前沿基础研究、关键技术攻关和核心系统研发；在"一体两核多点"的组织架构下，政府主导、财政支持，可以有效摒除企业技术创新的功利性，确保科研方向始终紧跟国家重大需求；与高校深度融合，可以充分依托其在学科建设和基础研究方面的优势，保障实验室科技创新始终走在科学前沿；在运行管理和薪酬激励方面，大胆吸收科技领军企业先进做法，则能够始终保持开放、创新的良好状态。之江实验室的这种发展模式，最大程度地整合了政府、高校、企业的优势资源，达到了1+1+1>3的效果。

"之江新路"的探索说明：科研组织的活力来自于体制机制的体系化创新。随着现代科学技术的迅猛发展，未来科研机构之间的竞争，不在于单点或单一学科之间的竞争，而在于相关领域的体系性竞争，谁拥有相关领域的体系优势，谁将拥有该领域的主导权。之江实验室从成立之初，就牢牢坚持科技创新与制度创新"双轮驱动",以构建技术和组织双维度的体系化优势,全面激发创新活力和创新动能。一是深化引才聚才育才机制创新。着力在"赛场"上识别人才,在重大科技攻关项目"揭榜挂帅"中使用人才,在重大科技基础设施平台和国际合作项目上吸引、凝聚一流人才,让杰出的科技人才来得了、待得住、用得好、进得快。二是深化科研造峰机制创新。针对不同领域的"卡脖子"问题,着力在多元化的项目发现机制、"大兵团"攻关的项目实施机制、工程化的项目服务保障机制上下功夫,形成一大批标志性成果。三是深化投入保障机制创新。在夯实政府投入的基础上,着力加快建立全过程介入、专业化分工的成果转化机制,激发社会资本特别是骨干企业投入基础研发的积极性,形成可持续的"造血"机制和"造血"能力。四是深化考核评价机制创新。赋予首席科学家和项目负责人更大自主权,以创新质量和实际贡献为主要依据,不以"人才帽子""职称高低""论文数量""学历出身"论英雄,积极营造"想干事、能干事、干成事、不出事"的最佳环境。五是深化组织文化创新。做好立心铸魂、制度融通、成风化人、以文塑韵、文化传播"五大工程",让"科学精神,家国情怀"的实验室精神内化于心、外化于行。之江实验室正是依靠这种体系化的势能,协同发力、开放连接各类创新要素,从根本上提升自身的竞争力。过去是如此,未来更是如此。

"之江新路"的探索证明:"有组织的科研"短期内可以实现跨越式发展。随着科技发展不断向宏观推进和向微观深化,大团队、大设施、大平台在科学研究中的作用逐步加强,特别是国家战略发展需要的全局性、长远性、紧迫性的科技创新,具有鲜明的导向性、目标性、协同性特点,由政府组织、集中投入,体现国家意志,由科学家和科研团队瞄准特定的重大方向集体攻关,这一研究模式正在成为主流的科研方式。之江实验室紧紧把握科研发展趋势,在各个方面积极推进"有组织的科研",科研布局有组织、研究方向有组织、研究过程有组织、研究方法有组织、协同创新有组织，形成了短期内实现跨越式发展的"四大效应"：一是高端人才集聚效应。通过全职、兼聘等形式引进国内外院士20位，全职引进学术带头人230人，打造了一支高水平创新队伍。二是科研创新提质增速效应。以"高原造峰"为基本方法，谋划了一批重大科研项目，涌现出一批高水平研究成果，研制出国际上神经元规模最大的类脑计算机、国内首套基于拟态防御技术的内生安全工控系统、登上《自然》杂志封面的仿生深海软体机器人、获得"戈登贝尔奖"的神威量子模拟器等，斩获浙江省自然科学奖一等奖1项、技术发明奖一等奖1项、科技进步奖一等奖3项。三是创新资源汇聚效应。聚焦智能计算领域，集聚中国科学院、清华大学等国内外顶尖科研力量，开展科研攻关，共同构建智能计算的理论体系、技术体系和标准体系，力争实现智能计算的"中国定义"。四是创新成果溢出效应。加速科研成果转化，多个研究成果已转化为产品，服务经济社会发展。实验室还积极参与浙江省数字化改革，为加快推进数字化改革提供技术支撑。实践是检验真理的唯一标准，以国家战略需求为导向、以科学家为主导的"有组织的科研"道路，一定可以走好，也必须要走好。

浙江省第十五次党代会吹响了创新制胜的冲锋号，把"实施创新驱动发展战略的要求"作为必须牢牢把握的十一个重要遵循之首，把"创新制胜"作为未来五年推进"两个先行"（中国特色社会主义共同富裕先行和省域现代化先行）的五大工作导向之首，把"着力推动全面转入创新驱动发展模式"作为十大任务之首，充分体现了浙江省委省政府依靠科技创新推动"两个先行"的决心和底气。这份决心和底气来自于以习近平同志为核心的党中央对科技强国建设部署的宏伟蓝图，来自于历届浙江省委省政府"一任接着一任干"、大力实施人才强省、创新强省首位战略的浙江实践，来自于包括之江实验室在内的广大科技工作者接续奋斗、攻坚克难取得的重大成果。新的时代、新的征程，需要我们把思想认识统一到中央和省委决策部署上来，提高政治站位，心怀"国之大者"，在推进科技创新、打造国家战略科技力量的浙江路径上先试先行，肩负起时代赋予的使命和责任。

五年来，中国 AI 的快速发展已经引起世界注目。2021 年美国国家 AI 安全委员会发布报告称："尽管世界上有很多国家都有自己的人工智能战略，但只有中美两国真正地拥有赢得人工智能竞赛的资源、商业实力、人才资源池以及创新生态。中国的各类规划、动用的资源、以及目前已经取得的成就都足以让全美国人担忧。"我们相信，之江实验室仍将继续高歌猛进，为中国和世界的人工智能发展，进军无人区，攀登新高峰。

潮起之江，浩浩荡荡；巍巍华夏，科技领航。铸重器、强国基，这是一条披荆之路，更是一条负重之路。在这条路上，创新永无止境，改革永无止境。我们要牢记习近平总书记"不忘本来、吸收外来、面向未来"的谆谆教导，强化高水平国家战略科技力量，创造性地提出"之江之策、之江之治、之江之理"，为建设科技强国和创新强省展示"之江风采"，贡献"之江智慧"，奉献"之江力量"。

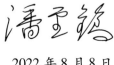

2022 年 8 月 8 日

目　录

第三章 科学精神，家国情怀·57

第一章

科技新力量：应运而生

"当今世界正经历百年未有之大变局，科技创新是其中一个关键变量。我们要于危机中育先机、于变局中开新局，必须向科技创新要答案。"这是以习近平同志为核心的党中央对当今全球竞争格局的深刻洞见。可以清晰地看到，全球竞争已经开始由要素规模优势向创新综合优势转变，科技创新能力逐渐成为综合国力竞争的核心部分，各国步入以科技创新领域为主导的综合国力发展竞争阶段。

大变局时代，科技的突破性进展对各国都至关重要，谁能抢占科技高地，谁就有可能站在产业变革的前沿，占领全球价值链的高地，从而在未来的竞争中赢得先机。发达国家希望凭借过往技术革命中积累的优势，维持其科技创新的领先地位；发展中国家和新兴市场国家则希望凭借新一轮科技革命和产业变革，进入科技创新的第一方阵，实现弯道超车。在发展变革大潮下，不进则退，只有争得先机，才能赢得长期发展优势。

建设世界科技强国，是建设社会主义现代化强国奋斗目标在科技领域的具体任务。强化国家战略科技力量、探索新型举国体制、建设新型研发机构等政策措施不断提出和实施，标志着科技强国建设进入夯基垒台的新阶段。但不可否认的是，与世界科技强国相比，无论是基础研究还是产业技术开发，无论是领先研发机构还是标志性创新成果，无论是科研基础设施建设还是高水平人才队伍，我国仍然存在较大的提升空间。

正如习近平总书记指出："要以国家实验室建设为抓手……以重大科技任务攻关和国家大型科技基础设施为主线，依托最有优势的创新单元，整合全国创新资源……建设突破型、引领型、平台型一体的国家实验室。"这正是关键的破题之举。

第一节　新时代新战略

党的十九大报告提出了中国发展新的历史方位："中国特色社会主义进入新时代，意味着近代以来久经磨难的中华民族迎来了从站起来、富起来到强起来的伟大飞跃，迎来了实现中华民族伟大复兴的光明前景；意味着科学社会主义在二十一世纪的中国焕发出强大生机活力，在世界上高高举起了中国特色社会主义伟大旗帜；意味着中国特色社会主义道路、理论、制度、文化不断发展，拓展了发展中国家走向现代化的途径，给世界上那些既希望加快发展又希望保持自身独立性的国家和民族提供了全新选择，为解决人类问题贡献了中国智慧和中国方案。"

所谓"战略"，是指从全局、长远和大势上做出判断和决策。习近平总书记强调："战略问题是一个政党、一个国家的根本性问题。战略上判断得准确，战略上谋划得科学，战略上赢得主动，党和人民事业就大有希望。"在不同历史时期和发展阶段，根据人民意愿和事业发展需要，提出具有科学性、导向性和感召力的奋斗目标，一届接着一届办，一代接着一代干，是我们党治国理政的一条重要经验。放在新时代的大视野下，从战略全局的高度下审视，当前世界强国之间的竞争，最核心的依赖就是科技创新，而科技创新的总体水平又在很大程度上取决于以国家实验室为代表的重大科技创新平台的创新能级。

百年变局与科技布局

当今世界正经历百年未有之大变局，全球治理体系和国际秩序变革加速推进，世界面临的不稳定性、不确定性突出。"新冠肺炎疫情影响广泛深远，经济全球化遭遇逆流，国际经济政治格局复杂多变，世界进入动荡变革期，单边主义、保护主义、霸权主义对世界和平与发展构成威胁。"①面对巨大的风险与挑战，一个国家的科技战略力量就是"压舱石"，科技能力就是"稳定器"，强大的科技实力将成为抵御各种风险和威胁的有力武器。

要深刻理解科技创新在新时代全局的地位和作用，首先必须正确把握百年变局与科技布局的双重关系。2018年6月，习近平总书记在中央外事工作会议讲话中指出："当前，我国处于近代以来最好的发展时期，世界处于百年未有之大变局，两者同步交织、相互激荡。"这一判断对于在新时期认识和判断国际局势、明确中国发展方向、制订相关任务计划，并进行国内外的决策有着重要的指导意义，同时也是中国为世界共同发展提出的思考，是倡导人类命运共同体建设的重要形势判断。综合各方面研究分析，百年未有之大变局至少体现在以下三个方面：

其一，从全球治理态势看，面临全球治理重组的大变局，第二次世界大战后确立的国际政治经济体系将迈入"改革时代"。由于部分国家"美国第一"的政策干扰以及近年来的保护主义、民粹主义思潮影响，全球治理在新型冠状病毒肺炎（COVID‐19）疫情全球大流行期间，一度出现"休克"状态。俄乌冲突导致世界秩序进一步失序。全世界对联合国（UN）改革、世界贸易组织（WTO）改革、国际货币基金组织（IMF）改革的普遍呼声，都是为了提升有活力的新兴市场国家和广大发展中国家的发言权和代表性。"十四五"期间，各国在国际组织中的权限与份额博弈的竞争会日趋白热化。很有可能出现的现象是，《区域全面经济伙伴关系协定》（RCEP）、《全面与进步跨太平洋伙伴关系协定》（CPTPP）等开放的区域主义治理规则，不断为开放的区域主义注入新的时代内涵。

其二，从大国格局态势看，面临大国格局重塑的大变局，经济总量的

---

① 韩正：到二〇三五年基本实现社会主义现代化远景目标，人民日报，2020‐11‐19.

国家位次将逐渐开启"亚洲时代"。2025 年中国 GDP 总量将接近美国，甚至有可能赶超美国。印度将超过德国，接近日本，排在全球第四的位置。欧洲诸国国力将沦入 1520 年麦哲伦环绕地球以来的"五百年未有之颓势"。前四大经济体首次出现亚洲占三席的东方复兴局面。以 2022 年元旦《区域全面经济伙伴关系协定》（RCEP）正式生效为起点，东盟十国、中日韩三国与澳大利亚、新西兰合力打造世界上参与人口最多、成员结构最多元、发展潜力最大的自由贸易区，标志着亚洲区域合作在全球复苏进程中领先全球多边主义和贸易自由主义。亚洲在未来五年对全球经济增长的贡献率将有望超过 65%，消费增长贡献率将有望超过 75%。

其三，从社会发展态势看，面临发展动能重启的大变局，人类社会将全面进入"数字时代"。数字增长将重构全球产业链、供应链与价值链，对原有的国际与国内经济贸易体系产生迭代效应。根据联合国贸易和发展会议（UNCTAD）2019 年报告，2022 年全球互联网的数据流量将比 2017 年增长 334%。激增的数据流量折射出全球网络用户的暴涨，以及云计算、物联网、人工智能、区块链、自动化等前沿技术的广泛推广，一个无孔不入、无人不联的"全球数字链"正在形成。数字增长伴随的数字竞争，成为拉开国力差距的关键变量，"极化"现象愈加明显。截至 2019 年底，中国和美国两国占有全球 79% 以上的人工智能企业数量、超过 75% 的区块链技术相关专利、75% 以上的云计算市场和 50% 以上的全球物联网支出。微软、苹果、腾讯等"超级平台"占据全球 70 家最大数字平台公司总市值的 2/3。特别是随着 5G 技术的推广运用与新型冠状病毒肺炎疫情的全球肆虐，此前被挡在"数字鸿沟"之外的欠发达国家与低收入人群，不得不参与或卷入以网络购物、在线教育、远程医疗等为主要特征的全球"非接触经济"。后疫情时代，数字化将是每一个人日常生活与工作的必备条件。

是什么力量在推动人类社会发生百年未有之变局？根据马克思主义历

史观，人类社会是一个有机整体，生产力、生产关系、上层建筑都是影响人类社会发展的变量，人类历史发展在根本上是合力作用的结果。那么，在众多合力中，是什么在起主导作用？或者说关键变量是什么？是经济、政治，还是科技、文化，还是其他什么因素？是单一因素，还是几个因素的集合体？答案可以有很多，但正如习近平总书记指出的那样："当今世界，谁牵住了科技创新这个'牛鼻子'，谁走好了科技创新这步先手棋，谁就能占领先机、赢得优势。"影响世界百年未有之大变局未来走向的关键变量是大国之间科技创新能力的博弈，"科技实力决定着世界政治经济力量对比的变化，也决定着各国各民族的前途命运"。

放眼世界，当前主要发达国家都制定了具有前瞻性和战略性的科技新战略。比如，2019 年，美国发布了《国家战略性计算计划（更新版）：引领未来计算》，旨在满足颠覆性技术以及数据密集型应用的需求，应对计算体系架构和系统更加异构和复杂等一系列挑战，提出促进未来计算、为计算提供战略基础设施等建议。2020 年，美国又发布了《引领未来先进计算生态系统：战略计划》，在 2019 年报告的基础上进一步明确了具体任务目标，提出了构建一个未来先进计算生态系统的战略计划，明确了构建先进计算生态系统的重要性，强调了软件与数据的核心地位，肯定了重点投入基础与应用研发的必要性，并阐述了详细的实施举措。从中可以看出，美国的科技新战略中，科研国家化趋势更加明显，以科技服务于国家目标为宗旨，强化了科技创新政策的顶层设计。英国、德国和日本等国也不甘落后，相继制定出符合本国实际和发展趋势的科技战略计划。英国在解决科技与经济发展脱节的现实问题、加强技术商业化应用、构建创新性经济体等方面发力；德国以可持续发展为目标，加强技术和人才保护，突出产业领先的国家核心竞争优势；日本则是加强科技在社会领域的渗透，重点发展公共科技基础设施，构建智能社会形态。

与此同时，近年来，美国政府以保护国家安全为由，高高筑起与中国之间的技术壁垒甚至知识壁垒，先后将一批中国高技术企业和高等院校列入实体清单，试图全方位封锁中国对外技术合作交流渠道。事实上，无论是第二次世界大战后主要发达国家发起的"巴黎统筹委员会"，还是冷战后主要发达国家发起的"瓦森纳协定"，都限制向中国出口尖端技术和军民两用技术，这是主要发达国家保持国际竞争优势和抑制新兴市场国家、发展中国家争取平等经济权利的霸权行为，也是中国现代化进程中必须面对的现实环境。

纵观当代技术发展的历史轨迹，总结、概括和分析当代科技创新的成果和现状，我们可以清晰地看到：第一，科技创新的竞争正在加剧，节奏正在加快，全球科技创新进入空前活跃时期，科学技术发展、知识增长以及更新速度不断加快，科技创新呈现多元深度融合特征，人机物三元融合加快，物理世界、数字世界、生物世界的界限越发模糊，科技成果转化为生产力的周期正在缩短。第二，重要科学领域从微观到宏观多尺度加速纵深演进，科学发展进入新的大科学时代，交叉创新领域成为重大成果产出地，交叉学科研究越来越成为科学发展的主流，21世纪以来，有接近50%的诺贝尔获奖成果来自交叉学科。第三，重大工程牵引体系性创新和大型仪器设备带动重大发现的特征越来越明显，21世纪以来，物理学界取得的三项重大突破——中微子振荡、希格斯玻色子、引力波的发现，都是通过大科学装置取得的。第四，科技创新的范式革命正在兴起，大数据研究成为继实验科学、理论分析和计算机模拟之后新的科研范式，数字支撑愈发成为科技创新的重要手段，数据密集型科研范式已在基因、脑科学、大数据等领域发挥重要作用，高通量科学仪器、望远镜、加速器、传感器网络等各种科研仪器和智能终端、模拟场景等各种运用，使科研领域进入了一个前所未有的"大数据"时代。第五，企业越来越成为科技创新引领力量，2021年高新技术企业数量同比增长18.7%，研发投入占到全国企业的70%，多技术群相互支撑、齐头并进的链式变革正在形成。

在正确把握当代科技发展趋势的同时，我们也要正确看待我国科技发展的基本面。改革开放以来，我国科技创新水平已实现大幅跃升，跻身创新型国家行列，这是我们在新时代大力推进科技强国建设的最坚实的基础。但与此同时，我国在基础研究、原始创新、关键核心技术、产业链创新链融合等方面，与世界先进水平仍存在较大差距，一些领域面临的关键核心技术"卡脖子"问题亟待解决。在全球供应链产业链阻断和国际战略竞争加剧的后疫情时代，我们不但面临着以发达国家为主的创新型国家第一集团的激烈竞争乃至全面围堵，也极有可能要同时应对来自新兴经济体的快速追赶和直接竞争，单靠需求引致的传统路径拉动科技创新日显乏力，不仅难以适应新发展阶段对核心技术突破和经济发展原动力提升的要求，更难以在与西方发达国家的竞争中占据主动权。

转机育于危机，新局开自变局。2021—2035 年是我国科技强国建设的重要转折时期，我们必须尽快打破对传统科技创新路径的依赖，从补弱增强的"需求引致的科技创新路径"为主，向"以基础研究和核心技术供给路径为主，以需求引致的路径为辅"的新型双引擎整合式创新强国路径加速转型，建设面向科技自立自强的、以国家战略科技力量为牵引的新型整合式国家创新体系，努力追赶、超越，实现引领。身处伟大的时代，统观中华民族伟大复兴战略全局和世界百年未有之大变局，增强机遇意识、风险意识和底线意识，以底线思维、使命引领加快建设国家战略科技力量、实现科技自立自强，已经成为当代中国的时代命题。

动态演化的国家战略科技力量

强化国家战略科技力量是党中央做出的重要战略决策。早在 2016 年 5 月，习近平总书记就深刻指出"要以国家实验室建设为抓手，强化国家战略科技力量"。2017 年 10 月，"强化战略科技力量"被写进了党的十九大报告中。2019 年 1 月，在省部级主要领导干部研讨班上，习近平总书记要求"抓紧布局国家实验室，重组国家重点实验室体系"。2020年10月，党的十九届五中全会重申"要强化国家战略科技力量"。2020年12月，中央经济工作会议将"强化国家战略科技力量"作为2021年八项重点任务之首。2021年3月，《中华人民共和国国民经济和社会发展第十四个五年规划和2035年远景目标纲要》明确提出"坚持创新在我国现代化建设全局中的核心地位，把科技自立自强作为国家发展的战略支撑"，"强化国家战略科技力量"。

国家战略科技力量的积蓄，与科技对国家经济和社会发展的影响逐渐增强密切相关。"战略力量"一词原用于国家安全和军事领域，是指关系到国家安危和军事成败的决定性力量。按照这个思路来理解，"国家战略科技力量"应指对国家安全与发展和国际竞争力起决定性作用的科技力量。如果说这种力量的影响在17世纪近代科学刚诞生时还不明显，那么到了19世纪下半叶，德国工业的高速发展已经充分展现了科学技术所蕴含的巨大生产力。两次世界大战期间，基本确立了科学技术的战略地位，科学技术成为决定国家兴衰存亡的决定性力量。"曼哈顿工程"的成功，显示出了集中国家力量组织大科学工程在发展国家战略关键技术中的巨大推动作用。第二次世界大战后，科学技术成为维护国家安全与发展以及国家间力量平衡的重要因素，各国开始按照第二次世界大战期间的科学研究和技术发展模式组织和建设国家战略科技力量。

我国的国家科技力量的内涵，也在国内决策层和学术界对国家战略科技力量的认识的不断更新中，呈现深入化和广泛化的趋势。最早明确以国家战略科技力量存在的是一批以中国科学院为代表的研究机构，发挥"集中力量办大事"的制度优势，在"一五"计划时期，就形成了由中国科学院、国防科研机构、高校、中央各部委科研机构和地方科研机构等组成的科技力量，重点提高我国重工业和国防工业水平。中国科学院建院70多年以来，建成了完整的自然科学学科体系，物理、化学、数学、材料科学、环境与生态学、地球科学等学科整体水平已进入世界先进行列，在我国科技事业发展中发挥了十分重要的作用；中国科学院还充当了改革开放时期的先锋、知识创新工程时期的引领者、"率先行动"时期的突破者，在支撑和保障国家重大任务和重大需求，在前沿科学和高新技术的探索，以及引领国家创新体系的建设等方面都做出了突出贡献。

为了更好地理解国家战略科技力量的内涵，我们可以从它的如下三个特征开始考虑：

第一，国家战略科技力量具有动态演化特征。受时代特征与国内外环境影响，国家战略科技力量的类型和范围在历史上呈现出动态演化特征，演化路径大概如下：第一次世界大战前服务于国家资源的开发，主要进行地理区间和自然资源的勘察；第二次世界大战期间服务于国家军事需要，增加了武器研发和航空航天领域的技术探索；第二次世界大战后重心转向基础研究，特点是以大科学装置为基础，有赖于多团队、长周期的研究；而在知识经济兴起的新时代，又具有了新的使命，即为国家在全球科技竞争中的战略目标提供支撑。新的历史时期下，国家战略科技力量具有了更高的使命定位，不再分散地以市场化的方式开展创新活动，不再局限于某个单一的领域，而是站在国家使命的高度，致力于解决关乎国家科技安全、产业安全和国民生计等的重大问题。

第二，国家战略科技力量具有更新的组织模式和更强的组合能力特征。以美国国家航空航天局航空研究任务部下属的兰利研究中心为例，该中心成立之初便是学科交叉融合的综合性实验室，聚焦行业发展，依靠跨学科、大协作和高强度支持开展协同创新。经过百年发展，兰利研究中心"拥有空气动力学、结构强度、噪声、结冰、热强度、抗坠毁、试飞、材料、大气科学等多专业、综合性研究团队"。[1] 在运行模式上，兰利实验

---

[1] 王鹏，宋庆国. 美国航空领域国家实验室发展历程及创新特征研究 [J]. 全球科技经济瞭望，2020，35（08）：49-56.

室在政府主导下与另外三个航空领域下国家实验室分工合作，协同开展航空技术研究工作；与外机构联合研究，利用航空航天企业、高校和军方实验室的创新力量和优势，实现开放共享，集成创新。

第三，国家战略科技力量具有构成多样性和管理模式差异化特征。"适宜由国家战略科技力量组织开展的科研活动有三大类：军工及准军工类、基础研究类、经济社会可持续发展类。"[①] 第一类主要采取"国有国营"管理模式，投资与管理均由政府负责；第二类国际上主要采用"国有民营"运行模式，政府进行资助，并通过合同委托民办机构管理；第三类运行管理模式则尚处探索过程中，如一些新型研发机构，由于涉及领域广、执行主体多样、市场协作关系复杂，还未形成稳定且成熟的经验。因此，根据所承担任务、角色和职责的差异，可以将国家战略科技力量分为支柱型和载体型，前者即可执行上述三类科研活动的主体，"主要由具备国家战略科技力量内涵与核心特征的创新主体构成，代表性的有国家实验室、国家科研机构、高水平研究型大学和科技领军企业"[②]。载体型国家战略科技力量则指非法人实体或创新主体，但是有能力瞄准高水平科技自立自强，成为世界科技前沿领域和新兴产业技术创新、全球科技创新要素的汇聚地，同时为支柱型国家战略科技力量提供包容创新的环境、协同创新的桥梁与开放共创的生态支撑，如综合性国家科学中心或区域技术创新中心。

综上所述，我们可以认为：国家战略科技力量是以满足国家战略需求为导向，由国家支持，主要从事一般科研主体无意或无法开展的高投入、高风险、大团队、长周期的科技创新活动的科研力量，是国家科研机构、

① 肖小溪，李晓轩. 关于国家战略科技力量概念及特征的研究 [J]. 中国科技论坛，2021（03）：1-7.

② 尹西明，陈劲，贾宝余. 高水平科技自立自强视角下国家战略科技力量的突出特征与强化路径 [J]. 中国科技论坛，2021（09）：1-9.

高校、企业（包括高科技民企）等优势力量的集合与协同。但就较传统的定位而言，新时期的国家战略科技力量逐渐形成了国家战略与市场之间相互依存、相互支撑、相互配合的内在逻辑关系，构建出"国家战略科技力量+企业技术创新能力"两位一体的中国特色创新型国家体系。

在国家战略科技力量的集合与协同中，国家实验室无疑是最重要的布局。国家实验室是国家对"政府作用"和"科技创新"关系思考后主动作为的产物，是为国家战略服务的科技创新力量。从历史的角度看，实验室的发展历经了私人实验室、大学实验室、企业/工业实验室等不同阶段，其主要目的也从自由探索科学知识演变为直接服务于技术创新与产品研发。自冷战时期起，大科学得到迅速发展，许多国家纷纷在军用和民用等诸多领域建立大型国立科研机构。由国家建立并资助的国家实验室，既具有较宽的学科覆盖面，也具有更大的体量以及更强的国家重大研究项目的承担能力，更有可能在学科交叉点上，通过协同创新产生非连续且影响深远的突破性科技创新成果，因此受到世界各国普遍重视。

如今，国家实验室已经是"面向世界科技前沿和国家战略需求开展高水平基础和应用基础研究的战略科技力量和重大原始创新的平台"。[①]具有代表性的有美国能源部下属的阿贡、洛斯阿拉莫斯、劳伦斯伯克利等国家实验室和德国亥姆霍兹研究中心，英国的国家物理实验室，法国的国家科学研究中心，日本的科学技术振兴机构、产业技术综合研究所等高水平科研机构。以美国能源部为例，其下属的 17 个核领域国家实验室，既是美国国家科技创新体系的重要组成部分与实现美国核战略、引领核科技和工业发展的核心力量，也是承担核科技成果转化的主要责任单位。能源部的国家实验室全部按照"政府所有、承包商运营"的形式运行，通过与工业界、学术界、国际科研机构签订合作协议进行广泛合作。

---

① 刘云，翟晓荣. 美国能源部国家实验室基础研究特征及启示［J］. 科学学研究，2021：1－21.

近年来，面对全球新型冠状病毒肺炎疫情等全球危机以及新的国际形势，主要国家对战略科技力量支撑经济社会发展表现出更强烈的需求。以美国为例，现任美国总统拜登公布了总统科学顾问团队和政府科学机构成员的任命，并在致总统科技顾问的任命信中，要求该团队认真思考以下五个问题，为美国未来75年的科技创新建言献策："（1）疫情为我们提供了哪些经验来满足公共健康需求？（2）科技突破如何帮助解决气候变化问题？（3）面对中国的竞争，如何确保美国未来在科技和工业上保持领先地位？（4）如何确保每一个美国人都享受到科技成果的好处？（5）如何确保美国科学技术的可持续发展？"随着美国政府越来越重视科学研究的国家意志，美国未来国家战略科技力量必然会得到加强。

可见，国家实验室既是实现重大关键科技突破的利器，也是引领科技创新自立自强的先锋，更是整合各方资源和力量、营造合作生态、形成"大兵团"协同攻关作战的平台。鉴于国家实验室对国家科技发展的重要推动作用，我国自20世纪80年代启动国家实验室建设，历经20余年的实践探索后，2000年，沈阳材料科学国家（联合）实验室正式成立。目前，以国家实验室为核心的国家战略科技力量体系建设方兴未艾，"核心+基地+网络"格局基本形成。但需要注意的是，将国家实验室作为增强科技战略力量的重要举措，并不意味着要在现有的国家科技创新体系外新建一套完全独立的体系。国家实验室作为国家战略力量的重要载体，具有战略导向、战略继承和不可替代的特性，除了基于国家战略和经济社会发展需要进行科技创新和科技研究外，其更深远的意义在于革故鼎新，在现有的科技创新格局基础上优化存量、创新增量。

科技重塑世界，强化国家的战略科技力量是建设世界科技强国的战略选择，是中国在新一轮国际竞争中崛起的关键资源。建设一支强大的战略科技力量，为经济社会发展提供支撑力、增加保障力、注入战斗力，打好科学技术攻坚战，不仅是实现经济创新驱动高质量发展的关键所在，更是本质所在。

与时俱进的新型举国体制

百年未有之大变局下，科技创新成为国际战略博弈的主要战场。为了在激烈的科技创新竞争中抢占制高点、掌握主动权，党中央提出要把科技自立自强作为国家发展的战略支撑，把创新作为引领发展的第一动力，充分利用新型举国体制优势，锚定关键核心技术攻关，对于推动中国经济高质量发展、保障国家安全具有重要意义。

所谓"举国体制"，就是充分发挥社会主义制度能够集中力量办大事、具有强大的社会动员能力和资源整合能力的优越性，举国家之力，去攻克某一项世界尖端领域或国家级特别重大项目的工作体系和运行机制。新中国成立以来，举国体制模式在中国科技创新领域的实践和应用对推动中国科技事业发展产生了深远影响。新中国成立初期，在物资短缺、资金匮乏、科研基础薄弱的不利局面下，为了迅速改变"一穷二白"的状况，科研人员在崇高的使命、愿景的驱动下，秉持着"人定胜天"的理想信念，展开了热火朝天的社会主义建设，逐步形成了集中力量办大事的举国体制。在举国体制推动下，我国在一些重要工程、重大项目上取得辉煌成就。"一五"计划期间，我国实施了以"156 项工程"为核心的 694 个大中型建设项目，并在此基础上建立了比较完整的独立的工业体系和国民经济体系；取得了"两弹一星"等重大科技成就，铸就了主权安全特别是国防安全的战略基石，并营造了相对稳定的国际环境。到了改革开放时期，在市场经济驱动下，各主体体制机制得以改革，积极性被有效激发，形成以效益和应用为主要目标的科技创新格局，各方面都得到了一定发展，举国体制在一定程度上被削弱。在当前建设中国特色社会主义的新时代，我国人才规模已经是全球最大，科技投入也居全球前列，科研设施条件也不断改善。建设关键核心技术攻关新型举国体制，有助于形成坚持使命愿景和改革体制机制有机融合的格局，科技创新将会迎来全新的发展局面。

之江实验室首席科学家潘云鹤院士在谈及"举国体制"时指出："自新中国成立以来，我们国家的许多重大科技创新都是举国体制的成功，如'两弹一星'等一系列重大突破。当前人工智能时代，我们重提举国体制。举国体制确实是我们的法宝，但我们要思考一个问题，就是人工智能的举国体制和'两弹一星'的举国体制是否一样？"

显然，我们今天所提及的新型举国体制是对传统举国体制的继承，同时也做出了顺应时代的发展。传统举国体制呈现出独具特色的优点：一是充分发挥统筹协调和整合作用，二是充分发挥政策规范和引导作用，将全国、全社会的资源和力量，在特定条件下和一定时限内，向既定的战略目标领域集中整合调配，从而完成重大战略任务或攻克亟待解决的科技难题。但由于传统举国体制过于依赖政府的动员、调度能力，同时没有把市场因素纳入决策视野，因而容易导致"政产学研金服用"脱节，存在着"能集中力量办大事，无法集中力量办常事"及激励评价机制陈旧等突出问题。

当前我国科技事业发展内外部条件都发生了深刻的变化，"单打独斗"的科研组织模式已不适应大科学时代的科技创新，传统科研院所"小作坊式"的科研模式也难有大的突破，有组织的科研、"大兵团"作战、体系化推进成了新科学时代下的新常态。同时，科研范式也从传统的经验总结、理论推导模式过渡为计算仿真、数据驱动模式，甚至正逐步朝向知识驱动模式演进。这些都需要更高的系统性组织能力和创新能力，从而实现对科技创新资源进行配置和协调，并且更加依赖多学科领域相互交织的创新网络，以激发各类创新主体的协同创新能力、成果转化能力和市场化水平。这就需要把集中力量办大事的制度优势、超大规模的市场优势与发挥市场在资源配置中的决定性作用结合起来。正是在这种背景下，习近平总书记指出:"我们最大的优势是我国社会主义制度能够集中力量办大事。这是我们成就事业的重要法宝。过去我们取得重大科技突破依靠这一法宝,今天我们推进科技创新跨越也要依靠这一法宝,形成社会主义市场经济条件下集中力量办大事的新机制。"

与传统举国体制以政府计划手段为主不同,新型举国体制是中国特色社会主义市场经济条件下,以国家发展和国家安全为目标,科学统筹、集中力量、优化机制、协同攻关,以现代化重大创新工程聚焦国家战略制高点,着力提升我国综合竞争力,保障实现国家安全的创新发展体制。发挥新型举国体制优势,就要将政府力量和市场机制有机结合起来。而要准确把握新型举国体制的内涵,核心在于如何理解"新",这既是一个理论问题,也是一个实践问题。在具体实践中,我们认为要把握好以下三个方面:

第一,要追求市场效率。新中国成立以来,传统举国体制体现着浓浓的计划经济色彩,行政手段对资源享有绝对的配置地位,各方面发展过于依赖政府,忽略市场作用,市场主体积极性欠缺。"要推动有效市场和有为政府更好结合,充分发挥市场在资源配置中的决定性作用,通过市场需求引导创新资源有效配置,形成推进科技创新的强大合力",新型举国体制对政府和市场的关系有了变革性的理解,那就是"充分发挥市场在资源配置中的决定性作用,更好发挥政府作用"。在重大科技创新上,一方面,国家要充分发挥好组织者的作用,支持周期长、风险大、难度高、前景好的战略性科学计划和科学工程,抓系统布局、系统组织、跨界集成,把政府、市场、社会等各方面力量拧成一股绳,最大限度地激发各类创新主体的潜能,释放各类创新主体的活力;另一方面,要构建符合市场经济规律的关键核心技术协同攻关机制,让市场之"手"和政府之"手"相互配合、优势互补,充分发挥民营经济体制机制灵活优势,充分调动各类科技创新主体的积极性、主动性、创造性,形成集中力量攻克关键核心技术难关的强大创新合力，实现资源优化配置，甚至创造出新的资源和能力，以取得技术突破和重大创新。只有这样，才能高效地发挥出政府和市场这两方面的作用，才能使举国体制得以发挥最大的力量。

第二，要降低创新创业成本。新型举国体制最大的优势是通过对政府、市场、社会关系进行重构，以高资源投入换取一定期限内的技术突破。新型举国体制是以实现国家治理体系和治理能力现代化为前提，把好的经验、好的方法凝练、总结下来，变成长效的体制机制，这样以后就可以提高效率、迅速响应，提高治理效能。支持体系化和机制化的制度，不是用死板的制度、条条框框去约束科学家的研究活动，而是如习近平总书记指出："要尊重科学研究灵感瞬间性、方式随意性、路径不确定性的特点，允许科学家自由畅想、大胆假设、认真求证。……要让领衔科技专家有职有权，有更大的技术路线决策权、更大的经费支配权、更大的资源调动权，防止瞎指挥、乱指挥。"这体现了对创新过程的深度把握和对科学规律的高度尊重。

第三，要提高产出实效质量。新型举国体制注重全球化视野，从人类整体的视角来看待问题，构建国内国际双循环的新发展格局。与此同时，新型举国体制同样重视科技创新本土化，构建国内大循环。这不仅是在西方国家对我国的技术封锁的背景下的现实考量，更是布局现代化事业全局的长远考量。通过新型举国体制突破国家重大技术短板、推进国家重大项目工程、实现关键核心技术顺利攻关。"举国"不再是举全国之力做一件事情，而是找到最适合、最有优势的力量来做最重要的事情，这样才能够提高创新质量和创新效益。但也需要注意，在探索新型举国体制助力重大科技创新的路径上，应重点面向国家重大民生公共工程科技创新，面向"卡脖子"技术攻关突破，强化政府部门的组织和统一管理功能，创新和完善研发活动的组织和管理模式。因此，举国体制作为一种任务体制，只是与解决"卡脖子"技术重大任务有关，不涉及一般性技术，不能泛化为一般性的社会运行机制。

纵览 1949 年以来，从"两弹一星""人工合成牛胰岛素"，到"神舟"飞天、"蛟龙"入海，我国科技创新领域的实践取得了一系列的标志性成就，这些成就无一不是举国体制集中力量办大事的生动诠释。举国体制一直贯穿于我国的社会发展历程之中，也随着国家建设的不同阶段不断发展、演化，需要我们不断探索、总结、创新。

第二节　新型研发机构的内涵与功能

什么是新型研发机构？科技部印发的《关于促进新型研发机构发展的指导意见》，将新型研发机构定义为"聚焦科技创新需求，主要从事科学研究、技术创新和研发服务，投资主体多元化、管理制度现代化、运行机制市场化、用人机制灵活的独立法人机构"。目前，北京、天津、广东、江苏、河南、福建等省市都相继出台了促进和引导新型研发机构发展的政策文件，浙江省也于 2020 年 7 月发布了《浙江省人民政府办公厅关于加快建设高水平新型研发机构的若干意见》，《意见》中表达了对于新型研发机构的主要诉求："构建多元创新投入体系、集聚一流创新人才团队、承担重大科研攻关任务、打造协同联动创新体系、畅通科技成果转化通道、深度融入全球创新网络。"

新型研发机构是国家创新体系的生力军和实现高水平科技自立自强的重要抓手。《中华人民共和国国民经济和社会发展第十四个五年规划和 2035 年远景目标纲要》明确提出，支持发展新型研究型大学、新型研发机构等新型创新主体，推动投入主体多元化、管理制度现代化、运行机制市场化、用人机制灵活化。2021 年新修订的《中华人民共和国科学技术进步法》也明确提出，支持发展新型研究开发机构等新型创新主体。近年来，我国新型研发机构呈现井喷式发展，目前全国新型研发机构超过2 200家，企业性质的机构占比68%，在深化政产学研合作、体制机制创新、关键核心技术攻关和科技成果转化等方面发挥了积极作用。

组织创新的新架构

推动新型研发机构建设发展的主体是高校、科研院所、企业和地方政府，不同主体在驱动科技创新的组织方式、运行体制、资金投入、人才引育和激励机制等方面各有特色。

根据各主体的地位和协同作用的不同，新型研发机构主要分为以下三种组建形式：政府主导型、产业牵引型和学研拉动型①。政府主导型一般承担带有前瞻性、紧迫性、战略性、关键性的重大课题或项目，企业则对具有较好产业市场前景、研发成果转化可较好地满足经济发展需求的研究项目感兴趣，而对于资金有限、技术力量薄弱的中小型科技企业而言，其研发课题或项目的开展，需要以高校和科研院所的研发成果为导向，拉动政府与企业参与项目，进行联合开发。在新型研发机构的实践中，大都同时体现了多元主体联合建设的特征，由2家单位共同举办的机构占比为36.8%，3家单位的为21.7%，4家及以上的为19.8%②。

新型研发机构采取现代企业/现代科研院所制度，拥有独立灵活的用人权和财务权，具有政所分开、投管分离、独立核算、自负盈亏、责任明确、产权清晰、管理科学等特点。大部分新型研发机构实行理事会或董事会领导下的院（所）长负责制，少数机构实行党委领导下的院（所）长负责制或领导小组（或联席会议）制。理事会是由政府部门、高校、院所、企业等各方成员组成的决策组织，董事会则是根据拥有资金或产权的

---

① 阮少伟. 协同创新背景下"政产学研"合作新型研发机构的构建［J］. 中国高校科技，2021（03）：71－74.

② 数据来源：科技部《新型研发机构发展报告2020》.

股方选举产生的掌握决策权和领导权的组织。新型研发机构一般采取决策与执行分离的管理模式，实行"三会一院长"体制，即理事会（董事会）负责决策和监督，执行委员会负责研究院运行，产业指导委员会发挥专家咨询作用，院长对外行使法人权利、对内负责研究院的日常运行管理。有研究指出，管理能力是新型研发机构核心竞争力的组成部分之一，通过科学的组织管理，使得机构整体产出最大化和成本最低化。

在投入方面，我国新型研发机构的建设资金主要来自政府支持、企业投入、众创基金、社会团体捐赠和社会资本参与等。这种机制有利于突破知识"输出方"和技术"输入方"的界限，打通知识、技术、产业的壁垒，形成了上下游融合发展的开放式的合作模式。新型研发组织通过市场化运作，巧妙地将科学研究、人才培养、成果转化、企业孵化等不同业务衔接协同起来，构建多功能并存的运行机制，功能明确划分的同时，实现各部门内部关联互补，在一定程度上避免各种体制性束缚，增强研发机构的独立性与自主性。

在人才引育和激励机制方面，新型研发机构较传统研究机构也有很大不同。新型研发机构注重搭建人才平台，更注重高端人才和复合型人才的集聚，将人才培养、科学研究、学科建设和市场化机制结合起来。激励机制借鉴现代企业管理方式，实行合同制、匿薪制、动态考核制、末位淘汰制等市场化制度，打破传统科研机构的"铁饭碗"。以收益分成和股权激励为主的多元激励机制，有助于达成组织与个人利益一致，用股权激励，使科研人员与企业形成风险共担、收益共享的利益共同体，有效推动成果转化，促进人力成本增值，释放创新活力。

孕育创新的新环境

要保持新型研发机构的快速发展势头，进一步提高发展水平、挖掘创新潜力、提升创新效率，很大程度上需要依托良好的政策支持和市场环境。

政策的变化与新型研发机构的发展之间呈现出互相促进的状态。适应实践需求的政策有助于正确引导新型研发机构的发展方向，政策的滞后或错位则可能会成为新型研发机构的阻碍。根据现有调研，从政策层面看，问题主要表现在：顶层政策和协调部门缺位，地方政策难以突破；相关政策出台方式单一，没有形成体系；政策扶持力度不足、扶持方式错位；受传统科技体制影响，人才评价机制滞后；知识产权保护制度不完善，知识产权流失；科技体制改革逆市场化倾向及科技活动过度利益化，忽视基础研究和公共科技事业；部分地区对新型研发机构的建设认识不足，为完成指标而盲目引进，与市场需求脱节；缺乏针对不同类别的新型研发机构进行差异化管理和评价体系。

从宏观视角来看，有关创新创业的研究表明，研发环境本质上是一个系统性的生态网络，不同主体之间相互作用、共生协同，才能实现社会财富的最大化。新型研发机构能否成功运营，同样依赖于整体的创新氛围和市场机制。有的研究者将新型研发机构描述成创新生态系统中新衍生的创新单元集合种群，分为内核层、中间层和外围层。外围层即模拟生态群落中的生存环境，为生态群落提供物质循环与能量流动。政府因素、经济因素、投资机构因素、社会氛围因素以及人文因素等，都构成了整个大环境网络的节点，是新型研发机构"培养皿"中的重要生态。

从微观角度分析，无论是新型企业法人组织，还是创新型研发组织，新型研发机构都必须同样面对外部竞争激烈的市场环境，遵从优胜劣汰的竞争法则。在竞合中谋生存，在竞合中求发展，应该是新型研发机构值得考虑的一条路子。大多数新型研发机构的成立依托于地方政府、高校和企业，它们需要特定的区域环境的支撑，而区域环境不仅仅是经济基础和自然资源，还包括社会治理和文化环境等。区域环境的差异性与多样性，使新型研发机构在项目开发和运行过程中既存在机遇，也面临挑战。如何适应科技研发的新环境，在不确定性中探求相对的确定性，在竞争中找到合作共赢的契机，是我们不得不思考的一个重要问题。

加速创新的新动力

新型研发机构建设为科技体制改革提供新路径，在技术能力、管理能力、资源能力、创新能力等维度，较传统科研机构具有更强的核心竞争力。作为一种"三无四不像"（"三无"：无级别、无经费、无编制；"四不像"：不完全像大学、不完全像科研院所、不完全像企业、不完全像事业单位）的另类科研组织，新型研发机构以体制机制创新为重要驱动力，具有较大的灵活性，搭建了集科技、产业、资本、教育一体化的平台，创造了"高度协作而又分工明确的政产学研合作模式"，具备投资主体多元化、管理制度现代化、运行机制市场化、用人机制灵活化的特点，在集中力量开展研究上具备独特优势，有望破解经济和科技"两层皮"现象。

"大科学"时代凸显大交叉，不同学科之间概念相互渗透，方法交汇叠加，使得在跨学科交叉研究领域出现多源爆发的创新"浪涌"，不仅成为可能，而且已是现实。不难发现，新型研发机构在科研布局上立足前沿交叉领域，在团队建设和科研氛围上对学科交叉具有天然的"亲和力"和"黏合度"。

"工欲善其事，必先利其器。"重大科学技术问题的解决对大型科学基础设施的要求日益提高。大科学装置的建造和运维成本较高，单个机构和个体科学家难以承担巨额成本和风险。新型研发机构在大科学装置建设、维护和共享上具有体制机制的创新优势，能够有效撬动政府资源和投入社会力量，形成装置共建共享的合作生态圈。

"山高人为峰。"人才是创新的根基，创新驱动实质是人才驱动。新型研发机构打破了机制的束缚，在专业化科研团队组织上具备优势，在高端人才引进、人才培养和待遇保障方面更加灵活，能够快速建立专业化的科研大兵团，充分激发人才的创新活力。

目标导向，资源整合，由此激发科技创新的活力和潜力。新型研发机构具有多元化投资主体的独特背景，引入现代企业管理模式，以特定的发展目标与任务为导向，革除旧体制下制约多、效率低等弊病，通过必要的制度安排，有效整合各类优质资源，在投入保障上实现多元化，从而提高科研创新要素的聚集效率，为科学研究提供持续的资源支持。

无论哪一个方面，对新型研发机构的期待都与"创新"紧密相关。此处的"创新"应该包括两个方面：首先，对自身而言，新型研发机构的涌现是相对于传统科研组织方式的重大创新。新型研发机构具有组建模式多样、融资渠道新颖等特征，其科研组织方式为原始创新和科技成果转化提供了全新的制度土壤，对于新时代科技创新的范式转变具有重大意义。其次，对于监管部门和评价部门而言，新型研发机构的出现也带来了全新挑战与重要机遇，需要根据新型研发机构的组织方式和运行特征提出针对性的政策工具，从而充分引导和发挥新型研发机构的科技创新潜力。

由此看来，新型研发机构体制机制设计的基本思路是吸纳各类研发机构精华，摒弃现有体系内各类科研机构的弊端，其主要着眼点在于：在使命定位方面，保持前沿学术研究机构的公益性，具备承担国家战略的能力和使命感；在管理体制方面，避免成为过度行政化、效率低下、灵活性不足的僵化机构，避免行政直接干预科研管理的现象；在人事制度方面，既要吸引、集聚一批顶级人才，又要避免只进不出，最后沉淀大量"老人"，成为论资排辈的半官僚型学术机构；在分配制度方面，既要保障科研人员能够有体面的生活，避免科研人员为竞争性项目的争取而过多消耗宝贵精力，让科研人员能够心无旁骛地从事研究工作，又要引入适度的竞争、激励和约束机制，使科研团队既富有从容和合的氛围，又充满奋发向上的活力；在项目配置机制方面，更多地体现开放性，鼓励年轻人的创新意识与创新思维，尽量多布局一批探索性强的项目，鼓励试错，宽容失败；在项目组织管理方面，避免团队小、周期长、效率低的科研组织模式，避免重立项程序、轻过程管理、松验收环节的项目管理方式，对认准的项目要形成集中力量办大事的模式，同时借鉴工程化管理方式，实施项目过程的服务与管理；在投入机制方面，保持政府公益投入作为基本保障，同时也要努力创新机制，争取社会资本向前沿科学研究渗透。

新型研发机构的繁荣发展涉及资源、体制、人才、环境等诸多因素，我们把上述几个方面看作驱动创新的主要动力。

第三节　乘势而上的之江实验室

2016 年 5 月，习近平总书记指出："要在重大创新领域组建一批国家实验室……要以国家实验室建设为抓手，强化国家战略科技力量。"总书记有号令，中央有部署，浙江见行动。2017 年 9 月，由浙江省政府、浙江大学和知名企业联合共建的之江实验室正式成立，成为全国首家混合所有制事业单位性质的新型研发机构，开启了浙江探索科技创新新型举国体制的新纪元。

风雨奋进，波澜壮阔。之江实验室成立以来，以国家战略为导向，以"高原造峰"为目标，以"大兵团"协同作战为模式，呈现出高端人才集聚、创新资源汇聚、发展生态优化、科研提质增效的强劲态势。之江实验室始终胸怀"国之大者"，奋力跑出"建设世界一流实验室"的"之江速度"，在推动高质量发展、助力"两个先行"中展现"之江担当"，为实现高水平科技自立自强、建设科技强国贡献"之江力量"。

浙江要干一件大事

浙江历来是创业创新的热土。近年来，在"八八战略"的指引下，浙江始终坚持一张创新型省份建设蓝图绘到底，在"互联网+"、生命健康和新材料三大科创高地建设取得较大进展，科技体制改革不断深化，聚焦重大专项、重点载体、人才培养、科技成果转化等方面的探索取得了令人振奋的成绩。

作为经济大省，浙江在科技创新方面成绩突出，在全国位列前茅，总体来说，科技跟经济的体量是相适应的。但从科技创新引领整个经济社会发展的角度来讲，浙江除了浙江大学之外，缺少大平台、大装置，尤其是大的科学装置。因此，早在十几年前，浙江就提出要打造国之重器，打造国家战略科技力量，但限于当时的各种因素，这项工作迟迟未展开。直到2016年，浙江省委省政府提出，要重新谋划一个创新的大平台，目标是打造国家战略科技力量。

这些年来，浙江通过政府、高校、社会力量共建西湖大学等高等级创新平台，探索出一条社会力量参与推动国家战略和产业化应用的双赢道路。通过浙江大学超重力大实验装置的建设，探索出更好发挥大科学装置的学科交叉共性作用和"政产学研用协同"优势；通过贝达药业承担国家研发项目等，探索出以企业为主体牵头关键核心技术攻关；在全国率先采用"揭榜挂帅""赛马制""技术难题招标"等方式，推动企业等技术需求方深度参与项目凝练、设计和研发实施全过程等。全社会研究与试验发展（R&D）经费支出占GDP比重，从2015年的2.32%提升到2020年的2.88%，科技进步贡献率从57%提升到65%。区域创新能力居全国第5位、省区第3位，企业技术创新能力居全国第3位。

此外，浙江以大科学装置、国家重点实验室、国家工程研究中心和国家临床医学研究中心等为代表的"国字号"创新载体42家，累计建设省级重点实验室328家、省级工程技术研究中心74家。浙江在高端创新人才和科技成果方面也都取得了不俗的成绩。

与此同时，我们也清醒地看到，浙江科技创新的短板也非常明显，主要集中在以下两个方面：一方面，科技创新平台量级不高，发挥引领作用和试验田作用较弱，杭州城西科创大走廊在国家战略力量布局、政策先行先试等方面尚有待时日；另一方面，与北京、上海、江苏和广东相比，浙江的国家重点实验室的数量明显偏少，虽然人才培养引进数量不少，但是科技领军人才短缺，难以支撑起浙江未来的重大科技创新。

浙江作为中国革命红船起航地、改革开放先行地、新时代中国特色社会主义思想重要萌发地，理应在打造国家战略科技力量、参与新型举国科技体制、探索科研组织模式创新等方面有更多的担当和作为。在实施创新驱动发展的新阶段，浙江基于顶层设计，举全省之力，以前所未有的力度打造之江实验室，这是浙江省委省政府向全省人民发出的大力实施创新驱动战略的时代号令。这些年，之江实验室围绕国家科技发展的全局性、长远性和紧迫性战略任务，系统性思考、整体性布局，回应时代呼声，注重问题导向，坚持科技创新与制度创新"双轮驱动"，坚持人才引进与人才培育并重，坚持硬实力提升与软环境建设并举，通过组建大团队、搭建大平台，强化"有组织的科研"，眼看远处，脚踏实处，务求"双轮驱动"发展方略落地生根、开花结果。

为何聚焦智能计算?

善于抓主要矛盾和矛盾的主要方面，这是唯物辩证法对我们的重要方法论启示。

网络信息技术迅猛发展，带动以智能、绿色、泛在为特征的群体性技术突破，成为新一轮科技革命和产业变革的新赛场。网络信息技术具有理论基础深、转化链条短、产业渗透强、技术跃迁快、专业壁垒高等特征，对带动基础研究、前沿高技术研究和颠覆性技术开发具有战略作用。如今，信息科学领域是发达国家前沿高技术研究和突破性科技创新的战略要地，也是我国有基础、有条件率先突破，真正实现科技创新由跟跑向并跑、领跑转变，在世界创新版图上确立战略优势的必争之地。

建设之江实验室，引领全球新一轮信息经济和人工智能产业发展，对于改造提升传统动能，加快培育新动能，具有重大的现实意义。面向未来的智能社会，需要技术性的基础支撑。智能的基础是数字化，而数字化的基础是计算，所以，计算是未来智能社会基石中的基石。

同时，浙江在数字化方面具有技术优势和产业优势，为实验室在智能计算领域的前沿研究奠定了良好的基础。浙江网络信息和人工智能研究水平在国内领先。浙江拥有浙江大学、阿里巴巴集团、中电海康集团等著名高校和企业，近年来在大数据、云计算、人工智能、虚拟现实、先进传感的基础理论和关键技术研究上取得了重大突破，自主创新研发了全球领先的软硬件系统，在学术界和产业界产生了巨大影响。浙江大学网络信息相关学科实力雄厚、发展迅猛，拥有 10 个国家重点学科，计算机科学与技术、软件工程、控制工程、机械工程等位居国内第一方阵，其中计算机学科在基本科学指标数据库（ESI）学科排名中进入世界前 1%，位列全球第 62 位。

近五年，浙江大学在高精度光学传感、嵌入式 CPU、媒体大数据智能计算、脑机混合智能、工业控制网络、高端控制装备、虚拟环境沉浸视觉感知、数字化装配和智能装备等方面取得全球领先的创新成果，在国际顶级学术期刊发表论文 1 000 余篇，发明专利授权 800 余件，制定了工控网络等 10 余项国际、国内标准，形成了从基础研究、技术创新到产业化开发的全链条创新体系，获国家科技奖励 8 项（其中国家科技进步一等奖 2 项）。此外，阿里巴巴集团是一家完全自主研发超大规模云计算、操作系统、数据库软件、大数据智能分析以及安全防护等技术，拥有完整知识产权，并达到国际先进水平的行业领军企业。阿里巴巴集团专利储备丰富，拥有 500 多项云计算领域核心专利，在分布式计算、存储、可信性网络安全等细分领域的核心专利遥遥领先，在人工智能领域的专利快速增长，已有几百件创新提案。此外，以海康威视、新华三集团、网易等为代表的创新型行业领军企业，在监控网络、深度学习、虚拟现实、大数据和云服务等方面研究基础和技术积累扎实，逐步掌握了行业技术话语权。

更为重要的是，浙江省网络信息技术发展的创新生态体系完善。浙江省拥有优越的网络信息产业生态环境，网络信息产业发展引领全国。浙江省是首个国家信息经济示范区，网络信息经济产业领域"产业主导+市场化运作"运营模式十分成熟。2021 年浙江省数字经济核心产业增加值总量达 8 348.27 亿元，同比增长 13.3%；2021 年浙江省规上数字经济核心产业营业收入达 29 780.8 亿元，同比增长 25.4%。全省已建成国家和省级信息产业基地、园区 40 个，省级信息经济示范区 12 个，省级信息经济类特色小镇 10 个。以信息经济为引领、高端服务业为主导、智能制造业为支撑的高新技术产业和战略性新兴产业快速发展，"互联网+"世界科技创新高地初露雏形；大批技术领先企业集聚，以高校系、阿里系、海归系、浙商系为代表的创新企业"新四军"构筑了多元竞发的创新创业格局；以乌镇世界互联网大会、云栖小镇、云栖大会等为代表的网络信息创业服务环境建设成效显著，已具有全球影响力。

天时、地利、人和。为实现国家需求与浙江发展优势相耦合，真正做到既有国家战略的契合度，又有浙江落地的实现度，之江实验室以智能计算理论方法、硬件体系、软件系统和标准规范为支撑，以智能计算数字反应堆为核心，以科学研究、社会治理、国家安全和数字经济四大方向细分场景应用为输出的智能计算战略体系，争取到 2025 年，形成受到国际普遍认可的智能计算理论、技术和标准体系，抢占支撑未来智慧社会发展的智能计算这一战略制高点，实现智能计算的"中国定义"。

之江的使命与担当

日出东方，潮起之江。对于浙江来说，之江实验室不仅是科学创新的利器，也是浙江承担国家战略任务的重要角色。"创建国家实验室，坚持以国家目标和战略需求为导向，以重大科技任务攻关和大型科技基础设施建设为主线，打造一批世界一流的基础学科群，整合协同一批重大科学基础设施，汇聚一批全球顶尖的研发团队，取得一批具有影响力的重大共性技术成果，支撑引领具有世界竞争力的创新型产业集群发展"的发展目标，直接呼应了习近平总书记"打造聚集国内外一流人才的高地，组织具有重大引领作用的协同攻关，形成代表国家水平、国际同行认可、在国际上拥有话语权的科技创新实力，成为抢占国际科技制高点的重要战略创新力量"的国家实验室的建设初衷。

之江实验室的组建是"摸着石头过河"的尝试，作为道标的"石头"，是实验室建设中始终贯彻的三大原则。第一，全球视野、国家战略。全球新一轮科技革命、产业革命和军事变革加速演进，科学探索从微观到宏观各个尺度上向纵深拓展，以智能、绿色、泛在为特征的群体性技术革命将引发国际产业分工重大调整，抓住这个颠覆性技术不断涌现的历史性机遇，面向世界科技前沿、面向国家重大需求、面向国民经济主战场、面向人民生命健康，树立全球视野，对标全球顶级科研实验室和具有国际影响力的综合性国家实验室、新型研发组织，聚焦网络信息、云计算与大数据、人工智能等相关领域，开展多学科交叉前沿研究，促进学科多元化发展，加速各技术领域相互渗透、交融，推动新兴产业与传统产业跨界融合，提升我国在世界科技创新和产业变革中的影响力和竞争力。第二，遵循规律、开放协同。契合网络互联互通、数据共创分享、人工智能、智能制造服务等经济社会的发展方向，顺应大数据、云计算、移动互联网等新一代信息技术同人工智能和智能装备技术相互融合步伐加快，科技创新链条更加灵巧，技术更新和成果转化更加快捷的发展趋势，建立科学、技术、产业融合重大科研任务形成机制，从高校基础研究、院所应用基础研究、企业技术开发等创新链条一体化设计，建设各类创新主体协同互动和创新要素顺畅流动、高效配置的生态系统，构建开放、高效的网络协同创新体系，探索一条发挥市场在资源配置中的决定性作用和更好地发挥政府作用相结合的新途径，形成市场经济条件下集中力量办大事的新机制。第三，全面改革、创新体制。坚持科技创新、制度创新"两个轮子"一起转。按照新型研发机构的要求，把建设之江实验室作为在战略性领域探索政府主导、校企协作、多元投资、军民融合、成果分享的新模式，强化科技同经济对接、创新成果同产业对接、创新项目同现实生产力对接，从组织构架上破解科学研究与产业创新脱节的问题，从体制机制上彻底破解创新资源开放共享难题，从制度设计上破除科学家、科技人员、企业家、创业者创新的障碍，实现资源配置从以研发环节为主向产业链、创新链、资金链统筹配置转变。

遵循这样的建设原则，之江实验室确定了自己的使命：

1. 打造一批世界一流的基础学科群。坚持把强化国家战略需求与科学探索目标相结合，加强对关系全局的科学问题研究部署，集成跨学科、跨领域的优势力量，完善以浙江大学为核心的研究型大学学科体系建设，支持浙江大学统筹推进世界一流大学和世界一流学科的"双一流"建设，支持高新科技企业开展基础研究，与中国科学院、中国工程院和世界知名高校建立战略合作关系，联合办学，共建创新载体，开展合作研究，构筑面向国际学术前沿的知识创新体系，建设一批世界一流的基础学科群，不断增强国际学科话语权、科研主导权，提升我国科学发现、技术发明和产品创新的整体水平，支撑产业变革和保障国家安全。

2. 整合协同一批重大科学基础设施。整合浙江大学、浙江工业大学、海康威视、新华三集团等高校、院所、企业的资源，谋划实施大科学工程、建设大科学装置，以提升原始创新能力和支撑重大科技突破为根本，以健全协同创新和开放共享机制为保障，全面提升科研设施与仪器资源的整合协同和运行效率，构建跨领域、多层次的优势科研资源网络。

3. 汇聚一批全球顶尖的研发团队。依托杭州国家自主创新示范区、杭州城西科创大走廊等重大创新平台，发挥浙江大学等单位引进、集聚人才的主体作用，汇聚国科大杭州高等研究院、浙江工程师学院等新型研究型大学、新型研发机构及知名高校、企业，吸引国际一流科学家牵头承担智能科学与技术等相关领域前沿研究任务，集聚高端人才、创新团队，开展引领式创新，努力造就一批能够把握世界科技大势、研判科技发展方向的战略科技型人才，培养一批善于凝聚力量、统筹协调的科技领军人才。

4. 取得一批具有影响力的重大共性技术成果。瞄准世界科学前沿方向，围绕涉及长远发展和国家安全的"卡脖子"技术问题，加强基础研究前瞻布局，加大高技术攻关。在未来网络计算、泛化人工智能、泛在信息安全、无障感知互联、智能制造与机器人等主攻方向，开展多学科交叉前沿研究，支持多学科联合攻关、跨学科融合创新，推动前沿技术领域重大突破。

5. 支撑引领具有世界竞争力的创新型产业集群发展。加快信息化与工业化深度融合，把数字化、网络化、智能化、绿色化作为提升产业竞争力的技术基点，推进各领域新兴技术的跨界创新，采取差异化策略和非对称路径，强化重点领域和关键环节的任务部署，在战略新兴产业领域支撑、培育一批研发实力与创新成果国际一流、产业规模与竞争能力位居前列的领军型企业，以技术的群体性突破支撑、引领智能机器人、智能终端、智能制造示范、大数据、网络信息安全五大产业集群发展。截至2022年，基本形成以信息经济为先导、以杭州城西科创大走廊为主平台的"互联网+"全球产业科技创新高地。

怀山抱海，揽月擎天。"顶天立地"是之江实验室追求的格局：在科研布局上，瞄准"大交叉"和"无人区"两大领域，致力于实现"从0到1"的原始创新；在范式工具上，建好"大装置"和"大平台"两大利器，有效支撑基础研究实验开展，提升科研效率；在牵引导向上，着力

"基础研究"和"重大应用"两大突破，力争实现从基础研究到应用示范的全链条创新设计和一体化组织实施；在建设任务上，实现"科技创新"和"体制创新"双轮驱动，最大限度释放新型研发机构创新潜能；在责任担当上，强化"国家战略"和"浙江发展"两级发力，力争为国家提供战略科技力量的"之江范本"，为浙江省提供数字经济的"之江动源"。

第二章

体制机制创新的『之江实践』

　　如何在国家科技发展战略的引领下，创造性地构建新型研发机构的体制机制，通过前瞻性思考、全局性谋篇和整体性推进，打造独具特色的科研发展模式，这是新时代背景下之江人所要面对的一道关键考题。

　　一方面，实验室需要主动迎接大科学时代的科技发展趋势，告别"单打独斗"模式，以系统性的组织能力和创新范式，对科技创新资源进行重新配置，构建多学科交织的创新网络，激发各类创新主体的协同创新能力，使集中力量办大事的制度优势、超大规模的市场优势得以有机高效的整合。另一方面，需要直面科研生态中的复杂性难题，在解决包括科研人员流动难、科研项目重立项轻管理、破"五唯"（唯论文、唯帽子、唯职称、唯学历、唯奖项）的有效方法不多、组织协调能力不够、科研效率不高、成果转化难在内的各种科研管理问题上，主动作为，勇于改革，朝着把之江实验室建成科技体制改革创新先导区的目标努力奋斗。

　　在科研体制机制创新中，我们要"理别人理不清的思路，想别人想不到的办法，做别人做不成的事情"。这是实验室一位干部经常讲的话，这也反映了广大科研管理干部和科研人员的共同心声。五年的探索实践中，之江实验室以"科技创新的国家战略力量"和"科研体制改革的示范区"为战略定位，旨在构建一种既能够连接创新端和市场端，又能最大化利用创新资源的研发机构；实现原创性突破，聚焦"卡脖子"问题，支撑国家重大战略，推动创新应用，引领先进产业发展；探索社会主义市场经济条件下科技创新的新型举国体制，打造国家战略科技力量；以提高创新效率和创新质量为导向，推动科研管理体制改革，在组织内部管理、运行机制、组织模式、对外合作、绩效评价与成果转化等多个方面做出新的探索与尝试。

第一节　顶层设计的制度创新

路是人走出来的，经验是摸索出来的。敢闯敢试，善做善成，这是创设之江实验室的一份初心。

之江人心里明白，科技创新和制度创新犹如车之两轮，只有协同发挥作用、两个轮子一起转，才能让创新活力充分迸发、创新动力更加强劲。以国家战略科技力量为使命航向，以新型研发机构为发展方向，以"新型举国体制"为指引导向，这是浙江省委、省政府给之江实验室确定的发展路径。自成立之初，之江实验室就一直在思考：与传统的科研机构相比，我们的创新优势在哪里？与先发的新型研发机构相比，我们的后发优势在哪里？我们能不能走出一条跨越式发展的道路？

新型研发机构在中国是个新生事物，目前还没有一个统一的界定，这给各地依据自身条件和需要来界定和发展新型研发机构留下了灵活操作的空间。之江实验室的体制机制创设，需要在顶层制度的设计上进行创新，以科技创新和制度创新"双轮驱动"为抓手，探索与实验室条件和需求相匹配的组织方式。总之，"之江实验室的发展目标愿景需要什么环境，我们的体制机制就为此营造什么环境"。

"一体两核多点"的混合所有制

"混合所有制"首先是一个经济学概念，它指的是不同资本在企业或重要领域内的合作或融合。我国从 20 世纪 70 年代末开始进行所有制结构改革，既不拘泥于苏联的传统社会主义所有制结构模式，也不同于当代西方发达国家的所有制结构模式，探索出一种符合中国国情的新的所有制结构，即"公有制为主体、多种所有制经济共同发展"。从改革的实践来看，混合所有制有利于提高资产运营效率、增强创新能力，是社会主义市场经济的一支强大的"生力军"。

随着改革的不断深化，混合所有制逐渐进入事业单位体制改革视野中，成为国家主推的方向之一。之江实验室是全国第一家混合所有制事业单位，它由浙江省政府主导主办，浙江大学和阿里巴巴集团联合主办。从性质上讲，它属于事业单位性质，按照国家事业单位序列登记管理，但它又不是传统意义上的事业单位，因为它的主办者并不是单一的国有单位。之江实验室的这种新型组织形态可以概括为"一体两核多点"的混合所有制形式。这种体制设计和体系架构，具有天然的改革创新基因，高度契合国家实验室的要求和目标。

"一体"，指的是之江实验室，它是具有独立法人资格、实体化运行的混合所有制单位；"两核"，指的是浙江大学和阿里巴巴集团，两家单位发挥各自的优势，聚焦人工智能和网络信息领域，开展重大前沿基础研究和关键技术攻关；"多点"，指的是吸纳国内外在人工智能和网络信息领域具有优势的科研力量，集聚创新资源。"一体两核"是实验室发展的核心，而"多点"的构成，是在明确吸收什么、整合什么、服务什么的基础上，按照优先发展长三角，逐渐拓展至全国，最后迈向国际的布局，逐步扩充开展实质性合作的主体。这样的新型组织架构，汇聚了政府、高校、科研院所、企业的优势资源，通过"多元化"项目发现、"大兵团"组织实施、"工程化"服务保障以及政府、社会资本共同投入基础研发，开展协同攻关。

浙江省委省政府在体制中处于核心地位，是保障和投入之江实验室发展的关键。近年来，浙江省科研喜报频出，在浙江省委省政府的大力支持下，浙江各高校和企业等研发单位，在大数据、云计算、人工智能、虚拟现实、先进传感的基础理论和关键技术研究上取得了重大突破，自主创新研发了全球领先的软硬件系统，在学术界和产业界产生了巨大影响；通过多年的基础研究和行业先进技术创新研发，浙江集聚了一大批网络信息相关领域的国内外高端人才和创新团队；更为重要的是，浙江省拥有优越的网络信息产业生态环境，网络信息产业发展引领全国。浙江是首个国家信息经济示范区，网络信息经济产业领域"产业主导+市场化运作"运营模式十分成熟。如今的浙江，对于科技研发机构的培育和支持已经有了足够的经验和十足的信心，能为新生的之江实验室提供强有力的研究基础保障。

作为"两核"之一，浙江大学在之江实验室的地位十分特殊，它既是之江实验室的发起人、举办方之一，也是坚实的支持者。浙江大学在网络信息和智能制造领域拥有 4 个国家重点实验室、4 个国家工程（技术）研究中心、1 个国家工程实验室、2 个国际联合研究中心等 11 个国家级创新平台，拥有先进光纤/光学传感、脑机融合和交互、微纳器件与集成系统、工业控制装备和安全、数字图书馆和知识创新等大型实验装置与研发平台。之江实验室与浙江大学建立了长期战略合作伙伴关系，将共同谋划科研上的颠覆性创新以及原始性创新，实现"从 0 到 1"的突破，共同为浙江省域科技创新体系建设发挥重要作用，共同推动智能计算领域技术走向世界最高峰。

而"两核"的另一主体阿里巴巴集团，则是之江实验室的重要支撑力量和战略命运共同体。以阿里巴巴集团为代表的省内网络信息服务企业，已经建立起了中国最大的网络信息基础设施，并覆盖全球主要互联网市场。这些创新平台和基础设施作为之江实验室重大科学设施的重要组成部分，极大地降低了网络信息国家实验室的建设难度。

在前期，"两核"的两大主体已经深度嵌入全球创新网络，在更高层次上参与了全球科技竞争合作，"双核心、协同化"的国际创新大网络已经初步构筑。同时，浙江大学和阿里巴巴集团也构筑了基础研究、技术攻关、产品研发等多层面全球创新合作网络，"双核心"重要节点优势正在凸显。尤其是在人工智能和工业互联网领域，"两核"各有侧重，人工智能以浙江大学为主，阿里巴巴集团跟进应用研究；工业互联网以阿里巴巴集团为主。"一体两核"各自明确任务，边研究边推进，在实践基础上做课题研究，不断实践、不断论证、不断创新。借助这一制度优势，之江实验室把战略规划定为建成"三中心一高地"，即：国际一流的智能感知研究与实验中心，国际一流的人工智能创新中心，国际一流的智能科学与技术研究中心；全球领先的智能计算基础研究与创新高地。

"多点"则以战略层"追求价值认同"、战术层"以项目为纽带追求互利互惠"为理念，在牢牢把握住"两核"优势的基础上，深入推进与国内外知名科研机构的"多点"合作。目前，之江实验室与中国科学院计算所、中国科学院上海技物所、清华大学、华中科技大学、复旦大学、剑桥大学、巴黎理工学院、上海燧原科技、安恒信息等国内外高水平大学、科研机构和企业建立了深度的科研合作，共同进行核心技术研发和大科学装置平台建设。同时，之江实验室进一步与浙江省级各部门、杭州市、余杭区对接，谋划体制机制创新，加强与丽水市、德清县等地方政府开展多方位合作交流；与海康、新华三集团等单位构建基础研发与产业链条衔接的合作创新机制；与中国建设银行、浙江省农村信用社开展金融科技研究，共同探索社会资本投入基础研发的"多元化投入"新模式，打造具有之江特色的"投入—产出—应用"生态圈，由此，"多点"的布局取得积极进展。

综合来看，在"一体两核多点"这个混合所有制架构体系中，政府主导、财政支持，能够有效摒除企业的技术创新功利性，确保之江实验室的科研方向始终紧跟国家目标不放松；与高校的深度融合，可以充分依托其在学科建设和基础研究方面的优势，推动实验室的科技创新始终走在科学前沿；与企业联动，在运行管理和薪酬激励等方面则大胆吸收企业做法。如此吸收了政府、高校、企业各自的优势，最终实现 1+1+1>3 的效果。这既是之江实验室的一大体制创新，也是社会主义市场经济条件下新型举国体制的一个缩影。

现代法人治理结构

科研机构的治理结构，一直以来都是科研体制改革的重点和难点。深圳清华大学研究院作为第一家新型研发机构，提出了著名的"四不像"理论。后来，另一家非常成功的新型研发机构——中国科学院深圳先进技术研究院，又将自身的模式概括为"四位一体"以及微创新系统模式。无论是"四不像"还是"四位一体"，都是对新型研发机构组织形态混合性和跨界性的概括，主要体现在两个维度：一是新型研发机构在性质上不同于传统事业单位属性，更多的是体制外或混合体制，这种混合性还体现在新型研发机构的建设主体上，往往由政产学研等多主体联合；二是新型研发机构不仅从事科研，也具备人才培养、创业投资和企业孵化等其他功能。

作为一家混合所有制的新型研发机构，之江实验室在组织形态上的混合性和跨界性，天然地决定了它需要协调不同主体的关系，不仅要处理不同板块之间人、财、物流动面临的制度冲突，还要有效整合分属"公共域"和"市场域"的业务和功能。

要破解组织形态带来的治理难题，必须要有相对科学合理的治理结构来消解潜藏的委托——代理风险。之江实验室在谋划之初，就明确采取理事会决策、学术咨询委员会指导、实验室主任负责的治理架构，其中：

（1）理事会是之江实验室的宏观管理和领导机构，负责决策发展战略、发展领域、资金投向、重大项目、科研人员管理等重大问题，理事长由省政府领导担任，理事由省级有关部门、浙江大学、阿里巴巴集团、杭州市政府及有关高校院所、央企民企有关负责人组成。

（2）学术咨询委员会在理事会领导下，由国内外著名专家组成，进行学术咨询和指导，负责向理事会提供有关创新研究方向、重点发展领域、重大研究任务和目标等学术问题的咨询意见和建议，指导和把握实验室科研方向，进行学术工作评估。目前已经建立了由路甬祥院士、潘云鹤院士、邬贺铨院士、邬江兴院士、吴曼青院士、徐惠彬院士等为代表的 33 名国内外顶尖科学家构成的专家委员会。

（3）之江实验室主任在理事会管理和学术咨询委员会指导下，统筹实验室人、财、物等资源，具体组织科学研究，运营维护科研条件平台，提供服务保障等。实验室设主任 1 名，由理事会聘任，要求具有较强的组织协调能力，并综合衡量其科研管理能力、发现新研究方向的能力、社会活动能力等条件；副主任若干名，由各举办单位委派。

根据科研布局调整和发展需要，之江实验室不断优化科研体系，目前形成了"七院多中心"的科研组织体系，分别为人工智能研究院、智能网络研究院、智能感知研究院、智能计算研究院、智能装备研究院、基础理论研究院和交叉创新研究院，并下设 30 个研究中心（部）。

同时，按照扁平化、党政协同的原则，实验室设立了"九部两办一会"的管理服务体系，分别为综合管理部、党群工作部、科研发展部、财务资产部、人力资源部、条件保障部、纪检监察审计部、发展合作部、科研装置建设与管理部、人才工作办公室、总工程师办公室和工会。同时在科研服务和人才服务两个领域，分别设立科研项目经理和人事服务专员两支队伍，延伸至各研究中心，开展专项专职服务。

以"用严格的规范管人、用清晰的流程管事、用探索精神推动改革创新"为总要求，实验室系统性、创新性地推进内部制度设计，已累计制定规范文件和制度 110 余项，形成了具有之江特色的制度体系，有效保障实验室高效平稳运行。

与内部架构建设相对应，在外部支撑体系建设上，探索形成了较为成熟的"以政府为主导、举全省之力支持"的建设机制，省市区纵向联动，各部门横向协同，在建设规模和发展速度上都呈现出了良好的发展态势。

党建与科研互融互促

坚持党对科技事业的全面领导，观大势、谋全局、抓根本，形成高效的组织动员体系和统筹协调的科技资源配置模式，这是实现科技自立自强的根本政治保证。之江实验室作为浙江省政府直属的事业单位，是重要的国家战略科技力量，必须坚持党的领导，落实全面从严治党要求，保证党的理论、路线、方针、政策和中央决策部署的贯彻落实，发挥好党把方向、管大局、保落实的重要作用。因此，在之江实验室，党组织负责人与主任一般由同一人担任，确保从把握重大战略方向到维持实验室稳定运行，充分发挥党组织的领导核心作用。实验室内部各组成部分根据《中国共产党章程》设立相应的党组织，创新党组织活动方式，尊重科研活动规律，充分调动科技人员等各方面的积极性。

2018年9月，经浙江省委研究决定，之江实验室党委正式成立，目前下辖党支部39个、党员683名。自成立以来，之江实验室党委以习近平新时代中国特色社会主义思想为指引，深入学习贯彻习近平总书记关于科技创新的重要论述，坚持把党的建设摆在首位，注重强化党委牵头抓总，发挥党支部和党员积极作用，对照"五强"领导班子和"五个政治"要求，一手抓党建引领，一手抓实验室建设发展，积极推动党建与科研互融互促。

之江实验室党委始终牢记"立足国家需要做科研"的初心，强化国家战略科技力量的使命，主动对接国家战略需求，谋大局、把方向、开新篇。"项目负责人必须说清楚在这个领域，国家最需要我们做什么"这个科研立项的首要原则，在之江实验室已经深入人心。截至目前，之江实验室共承担科技创新2030—"新一代人工智能"等来自科技部、工信部等国家部委单位的重要科研任务80余项。以国家目标和战略需求为导向布局科研项目正推动之江实验室不断厚植内生动力，释放创新动能。

将支部建在科研链上，激发科研机构基层组织战斗力。"科研攻关如同打仗，必须充分发挥党组织在科技创新中的重要作用，牢固树立研究工作推进到哪里、支部建设就跟进到哪里的工作理念。"推动党建科研同频共振，最重要的就是抓实基层党建。随着科研组织架构不断完善，党员人数不断增多，之江实验室党委决定将支部建在研究中心。目前，实验室有24个以研究中心为主体的党支部，由中心主要负责人任支部书记，落实好"一岗双责"，深入推动各党支部规范运转，实现党支部"标准（B）+特色（T）+若干任务（N）"内容体系建设，推进"一支部一特色、一书记一项目、一党员一风采"系列活动。推进基层党建工作，活动载体创新也是关键，实验室各党支部将"三会一课"、主题党日与学术交流活动相结合，定期组织支部联合党建活动，以此促进跨学科交叉融合创新。

将红色基因融入科学精神，让家国情怀厚植人心。提炼之江文化精髓，诠释之江精神内涵，进一步提高实验室凝聚力和忠诚度，为凝心聚力打造国家战略科技力量提供强有力的文化支撑。加强顶层设计，围绕"建设卓越的实验室品牌文化"，加强文化引领，通过举办科技人文论坛、专家诠释之江精神内涵、出版相关读物等形式，深入阐释和宣贯以"科学精神，家国情怀"为核心的实验室文化。同时，以精准、有效为导向，构建全媒体宣传大格局，精准、有效传播之江成果、之江声音，进一步提升之江公信力、影响力。

发挥党员先锋模范作用，力促重大科研攻关取得实效。每一个研究中心、每一个项目组都能够看到党员干部主动担当的身影。之江实验室党委成立以来，实验室的党员人数已接近总人数的1/4，基层党组织通过"党委书记领办党建项目"等品牌活动，充分发挥党组织战斗堡垒作用，推动党建与科研的融合，擦出火花、结出硕果，为科技创新注入源源不断的动力。"我们做的是前沿基础研究，需要我们拿出甘坐冷板凳、十年磨一剑的恒心与毅力。在勇闯无人区的过程中，更加需要党员同志的示范带动。"党员带头，大家向党员看齐，已经成为之江实验室的一道靓丽风景线。

第二节　运行机制的体系性创新

当前新一轮科技革命和产业变革突飞猛进，科学研究范式正在发生深刻变革，学科交叉融合不断深入，科学技术和经济社会发展加速渗透，全球科技创新活动越发凸显原始创新和策源能力的重要性。学科的高度分化凸显了跨学科研究的必要，新的边缘学科和交叉学科要求科学技术系统进行自我整合。而随着科学技术转化为生产力的速度加快，科学技术、国民经济、社会发展中产生的综合性问题，也亟须通过科学整合解决。因此，未来科研机构之间的竞争，不在于单点或单一学科之间的竞争，而在于相关领域的体系性竞争，谁拥有相关领域的体系优势，谁将拥有该领域的主导权。进行体系性创新，实现多元化创新模式，是之江实验室开拓更广阔的科研空间的必由之路。

"1+1+1"可以大于3吗？

大科学时代的科研活动不是个体"独善其身"和分类研究的"孤岛"，传统科研院所"小作坊式"的科研模式已经难以适应科研范式的变化。为了提高实验室承接和解决国家重大战略任务能力，之江实验室需要创新实验室的体制机制，聚焦实验室重大科研方向，集聚高端资源开展大合作打造创新大生态，进行国家实验室合作生态建设。为此，尝试由政府、高校、企业共建之江实验室，寻找一条实现"1+1+1"可以大于3的路径。

"体系性创新"是之江实验室对现代科技创新方式的理念探索，包括战略、全面、开放与协同四个核心要素，四者相互联系，有机统一于动态的创新过程中，共同构建具有高度的整体观、系统观、大局观的创新范式。

通过战略引领和战略设计，体系性创新将体制机制整合创新、组织管理整合创新、合作整合创新、人才整合创新等创新各要素有机整合，为实现重大领域、重大技术的突破和创新提供理论支撑，为超越传统管理模式，突破传统实验室的组织边界，打造高效、开放、协同的新型研发机构，提供了新的思路。

在战略视野的引领和体系性创新的实践中，之江实验室积极整合与实验室创新发展密切相关的外部资源供给端、政策与制度支持端、创新成果应用端等各类主体与要素，通过组织管理、协同合作和人才引进等多个维度调动全要素创新，提升实验室整体效能。

在这项建设中，之江实验室"摸着石头过河"，实现了"从0到1"的突破。

体系化创新的协同推进

好的管理能弥补科技创新硬条件的不足，不好的管理则会削弱科技创新硬条件的优势。为了充分契合学科与领域的科研规律，避免不好的管理，之江实验室通过六个方面的体系性创新，实现了从"相对割裂"到"上下一体"的转变。

一是创新运营管理机制。之江实验室在运营管理机制的创新，主要体现在对政府、高校和企业各方体制与资源优势的统筹协同，研究院和职能部门（中心）多元化创新管理模式，充分契合学科与领域科研规律，以及现代科研院所法人治理结构，保障强有力领导、科学决策与高效率运行等方面。具体内容详见上节，不再赘述。

二是创新项目组织管理机制。之江实验室积极探索推进矩阵式管理，从"相对分散"向"聚焦战略"转变。根据项目需要，灵活组建团队，采取"高原造峰"模式进行项目攻关，形成"大兵团"作战优势。之江实验室一切以项目为中心，灵活管理，下放项目立项权限和科研人员招聘权限，努力消除科研与行政制度二分的矛盾，破除整合障碍，保障研究人员将时间和精力集中于科研攻关。在项目运行管理上，工程化项目实施机制与"里程碑"项目管理模式，对于队伍不到位、精力不到位、进度不到位的项目，不论负责人牌子多大、地位多高，一律大胆"叫停"。截至目前，实验室已主动叫停多个项目，其中就有院士作为负责人牵头实施的项目。特别是在确定项目之前，之江实验室首先考虑项目内容是否符合要求，科研人员首先要清楚相关领域国家最需要什么，既避免科研人员完全按照自我偏好选择，也避免项目申报时各方力量汇聚，项目实施时却是一盘散沙的现象。在投入保障管理上，之江实验室坚持项目需要什么就保障什么的原则，在人员、资金、设备、空间上统筹配置，尤其在科研队伍组建上打破高校以学科为边界的局限，形成"大兵团"作战。

与此同时，之江实验室确定了以问题为导向、以需求为牵引，装置和平台建设稳步推进的发展路径，大科学装置建设扎实推进，基础和应用平台也陆续上线，科研基础设施不断得到强化，为高水平科研奠定了基础条件。从总体上看，之江实验室瞄准突破共性关键技术，尤其是"卡脖子"技术，前瞻布局关键技术研发，夯实创新之基，进一步提升服务国家安全、社会治理、数字经济等重大关键领域的水平，进一步增强对接国家战略的能力，真正把之江实验室打造成国家战略科技的中坚力量。

三是创新科研经费管理机制。为解除科研人员为经费犯愁的后顾之忧，之江实验室在科研经费管理方面，三管齐下，系统地实施了科研项目预算额度授权制与部分项目经费"包干制"，以及全过程财务指导与全覆盖经费审计。实验室根据项目实施需求，以对科研人员的充分信任为基本点，预拨相应额度，并根据项目进展和经费需求灵活配置项目经费，以解决预算过程不科学、流程烦琐等问题。同时，实验室为了让科研人员不必为合规担忧，在项目实施过程中，同步监督经费使用情况，确保科研经费使用合理、规范、灵活、高效。

四是创新人才引育机制。之江实验室创新人才引育机制，建立灵活高效的人才管理机制。以事业引人、以平台育人，之江实验室根据科研项目任务需要，以多元化的方式引进配备科研人员，固定与流动相结合，让最合适的人做最适合的事。另外，之江实验室探索灵活的引才模式，与合作单位建立联合引才与人才互聘工作机制，通过项目双聘、团队导入、PI组阁制等方式，灵活整合相关领域内最优质科研力量。之江实验室不断改进人才培养机制，以"人岗相适，能岗匹配"为准绳，依托双聘、兼聘等灵活的引才聚才机制，采取以重大科研任务为导向，按需设岗、按岗选聘、有机组合、能进能出的灵活模式，形成了大量人才向之江实验室汇聚的发展态势。人员年轻化、学历层次高等特征明显，"领域专精、层次高端、梯队有序"的金字塔式人才结构初步形成。

五是创新人才考评激励机制。之江实验室在人才考评激励制度上，打破了传统"铁饭碗"模式，做到人员能上能下、能进能出。其核心要义主要体现在以下四个方面：（1）实绩导向的考核标准，突出科研成果质量、价值和影响，做到不论资历、不唯履历。实验室在考评中坚持破除"五唯"，突出创新质量和实际贡献导向，建立"以实绩论英雄"的人才评价考核与激励机制。更为注重创新成果的质量、价值和影响，更加强调贯穿全年的绩效沟通辅导，帮助员工持续提升绩效。（2）赋予首席科学家和项目负责人更大的考评自主权。打破传统"铁饭碗"模式，实施关键绩效指标（KPI）考核制度。（3）制定了 KPI 考核与末位预警淘汰制度。在考评中实施以贡献为导向的激励举措，做到人员能上能下、能进能出。加大对高质量成果和实际贡献的激励力度，激发员工创新积极性。（4）考评合格的前提下，员工可以在不同序列间双向流动。推动工程类项目评价考核向技术、标准等应用倾斜。探索科研人员"基础积分制+考核制"的综合评价方法，考评合格的员工可以在各序列之间流动。

六是创新科技成果转化机制。之江实验室面向科技自立自强的战略需求，从"单线作战"向"组织协同"转变，构建开放协同的之江创新发展生态系统，坚持战略协同、高地共建、开放共赢、成果共享的基本原则，努力破除合作壁垒，进行整合创新。其核心要义主要体现在以下三个方面：

（1）加强全球合作，整合全球创新资源。之江实验室实施更加开放包容、互惠共享的国际科技合作战略，精准拓展全球合作网络，与剑桥大学、东京大学等国际顶尖大学建立合作关系，开展实质性协同创新，共同推进科学研究，提升实验室的全球影响力。同时，之江实验室也不断探索多学科交叉合作的大科学科研方式，与国内外顶尖高校院所和创新龙头企业联合开展科研合作，共同推进前沿技术研发、关键技术攻关。（2）深耕科研合作网络，集成创新要素资源。之江实验室牵头组织国内优势单位合作承担国家战略科技任务，集结精锐力量组织系统攻关，共商大合作、共谋大项目、共襄大发展，形成政产学研用金全方位、多层次、全链条的全域合作网络。通过产学研协同，各类主体合作创新，设计全过程介入、专业化分工的成果转化机制，初步建立"政府主导、社会资本共同投入、成果转化自我造血"的可持续发展模式。（3）反对垄断，大力推动开放创新平台建设。之江实验室反对垄断，鼓励以之江实验室为主体建设多领域交叉融合的开放创新平台，并形成"赛马"机制。目前，之江实验室具有完全自主知识产权的天枢人工智能开源开放平台，使长三角一体化创新平台稳步推进，创新要素加快集聚，赋能经济高质量发展。

通过体系性创新这一独特发展思路，之江实验室坚持科技创新与体制机制创新双轮驱动，突破体制机制束缚，实现投入主体多元化、组织形态多样化，在科研组织模式、科研管理模式、科研合作、科研评价与人才引进等各方面形成了一系列具有之江特色的制度体系和体制机制创新成果，基本适应新型研发机构的创新要求。这种体系性创新不仅有效解决了科技与市场"两张皮"问题，连接了创新端和市场端，还能够最大化地利用创新资源。同时，之江实验室积极开展大范围合作，有效解决了我国区域创新资源分布严重失衡，创新资源与创新需求地区分布不匹配等问题，既为我国新型研发机构体制机制创新提供了引领示范，也为我国高水平科研机构建设提供了可借鉴的模式。

第三节　再度创造"科学的春天"

"经过 4 年的努力，之江实验室已经进入全新发展阶段，突出表现在构建了科研体系、形成了科研能力、建立了科研队伍，具备了自主发展能力、形成了影响力和声誉，谋划建设大科学装置形成了清晰的思路、推出了得力的举措，体制机制创新上走出了一条独特高效的路子，成绩值得肯定。"这是浙江省委书记袁家军同志在 2022 年 2 月参观之江实验室时，对之江实验室工作进行的总结评价。这一评价不仅对之江实验室成立以来做出的成果表示了高度肯定，也为之江实验室的制度创新实践成果注入了一针"强心剂"。

从成立大会时的 3 名全职员工到现在的十步芳草、济济一堂，从成立大会时的两栋空楼到现在的科研设施不断完善的园区，从战略方向谋划研讨到聚焦智能科学与技术、智能计算，之江实验室完全有基础、有底气、有信心、有能力抓住新一轮科技革命和产业变革的机遇，乘势而上，大展宏图，成为国家实验室的中坚力量。当然，与国家实验室的建设要求相比，之江实验室依然存在差距。如何瞄准国家战略需求，进一步优化科研方向、增强科研实力、取得重大成果，为实现科技自立自强担当国家战略力量，之江实验室还有很长的路要走。

至关重要的四个问题

善于发现问题、提炼问题和解决问题，这是为人处世的基本功，更是检验每一位管理者领导能力的重要维度。对于之江实验室的管理者来说，自然也不例外。

在科研体制建设中，当制度落地运行时，问题通常也开始出现了。很多具体事情的处理上，制度的边界不够清晰；一些新的制度出台后，需要时间验证实际效果如何；科研管理行政化现象依旧存在；科研人员协同攻关和科研自主的关系，需要进一步理顺；科研成果的转化进程依旧跟不上科研成果的产出速度。这些问题，需要之江实验室花费很大的力气去解决，但之江实验室坚定不移地相信，问题的呈现并不是前进路上的绊脚石，而是带着机遇而来的挑战。

第一，如何进一步选好人才？创新人才是国家战略科技力量的核心竞争力，"如何配置好创新人才"是我们首要回答的问题。在这个方面，我们始终听到两种声音，一种声音认为必须引进世界顶尖人才，恨不得全部是诺贝尔奖得主或院士；也有一种声音认为大专家已经形成学术定势、失去创新活力，还会压制年轻人的创造，因此要大量依靠年轻人。我们认为：建设国家战略科技力量，既要引进世界一流人才，有一批有重要影响的重量级学术大拿，更要有一大批年轻的科研人才。具体而言：一是要立足国内培养战略性科学家和创新型人才，遵循人才培养规律，坚持科教融合、产教融合，促进人才有序流动，大力培养具有创新性思维和活力的人才；二是要在"赛场"上识别人才，在重大科技攻关项目"揭榜挂帅"中使用人才，坚持"英雄不问出处"，不以"人才帽子""职称高低""论文数量"论英雄，把项目交给真正"想干事、能干事、干成事"的人，让有能力的人有机会"揭榜"，能出征"挂帅"；三是要以重大科技基础设施平台和国际合作项目吸引凝聚全球一流人才，让杰出的科技人才来得了、待得住、流得动、用得好；四是要进一步释放人才的创造活力，破除"帽子"的不当限制，适度延长评价周期，完善以知识价值为导向的收入分配政策，让更多的科研人才能够安心从事难度大、周期长、风险高的科技项目，促进真正解决未来产业实际问题的原始创新和源头创新，避免盲目地迎合国际热点。

第二，如何进一步定好题？对这一问题的解答，国内往往有两种思路。一种思路是"从国际研究热点和 SCI 论文中找选题"。追踪和了解本领域最新进展，把握研究的趋势和规律，发现待研究问题和突破方向，从而实现重大科学突破和原始创新。这一路径潜在的问题在于跟踪有余而原创不足，有时用本国材料验证他人已有的理论，用自身庞大的科研投入和人力资源为他人理论作诠释，虽站在前沿，但很难引领前沿。另一种思路是坚持重大需求导向。引导科学家的好奇心，面向国家需求，凝练科学问题，组织科研团队，强化协同创新，实现重大技术突破。我们认为：在国家战略科技力量建设中，往往需要将上述两种思路有机结合，能把握国际前沿更能引领前沿，能面向国家需求更能超越需求，使创新成果能够"顶天立地"、"落地开花"。从这个意义上讲，坚持战略性需求导向，确定科技创新方向和重点，着力解决制约国家发展和安全的重大难题，是新时代国家战略科技力量科技创新的逻辑起点。坚持需求导向，需把握好三个层次：一是面向需求、摸清需求，担国家责、谋国家事。深入了解国家在生物、气候、健康、民生、粮食、能源、环境、国土、资源等领域的重大问题，凝练其中的科学问题，形成重大科技攻坚项目；二是整合需求、满足需求，答时代问、解时代需。着眼于不同领域的"卡脖子"问题，部署一批基础研究项目和跨学科交叉研究项目，解决跨行业、跨领域的关键共性问题；三是引导需求、创造需求，开创风气、绘制蓝图。根据构建新发展格局的需要，大力弘扬勇攀高峰、敢为人先的创新精神，鼓励科学家捕捉新需求、提出新问题、设定新概念、构建新理论、开辟新领域。

第三，如何进一步营造良好生态体系？建设国家战略科技力量，国家实验室、国家科研机构、高水平研究型大学、科技领军企业，这"四梁八柱"如何搭建？怎样形成基础研究、应用开发和产业培育的良好生态体系，才能实现更合理的分工，凝聚起更强大的合力？这是一个有许多不同看法的问题，需要进一步梳理，以便明确思路。重点要处理好以下两个问题：一是要处理好基础研究与应用研究的分工问题。我们认为，国家战略科技力量应该在坚持一流水平的前提下，追求"顶天"与"立地"的有机统一，把前沿基础研究、技术创新、解决重大应用问题以及新兴产业培育有机地统一起来。但在具体工作上，要始终保持战略力量的主体力量、主要精力，专注于基础研究，同时要发挥平台效应、多点力量和外围力量，推动成果转化，培育新兴产业，形成基础研究、技术突破和产业培育的生态体系。特别需要强调的是，要充分发挥企业在技术创新中的主体作用，增强企业创新能力，形成更多世界一流企业，形成具有国家竞争力的产业联盟、产业集群和国家创新网络，加快产业"专精特新"技术的创新突破。二是处理好新型研发机构"平台"与"实体"双重身份的问题。新型研发机构是独立法人的实体研究机构，同时又有平台的功能和特点。平台身份和实体身份之间的关系需要有明确的顶层设计。我们认为：既要立足于做强实体，也要充分发挥平台效应，两者相辅相成、相互促进。要坚决避免两种现象：一是避免把平台效应简单化为统计意义上的资源整合和行政角度上的资源分配；二是避免因强调实体而大包大揽，忽略平台作用。平台身份作为支持，平台建设需紧密围绕实体发展来进行，防止因平台松散和机制不清导致实体割裂。

第四，如何进一步获取可持续发展能力？研究机构的可持续发展问题涉及很多因素，抛开国家宏观发展环境、政策稳定性等一些外部因素不谈，就自身而言，三个核心因素直接影响可持续发展能力的建设：一是创新能力，二是文化建设，三是投入保障机制。作为前沿性、基础性、公益性的研究机构，需要稳定、足额的经费支持，其基础保障应该来源于稳定的财政支持。但是，无论是从政府角度来看，还是从微观企业角度来看，目前我们对基础研究的投入动力均严重滞后于对打造战略科技力量的要求，就全社会研究与试验发展（R&D）经费支出占 GDP 比重而言，基础研究投入占比近年来虽有较快增长，但与美国为首的西方主要发达国家普遍占比 15% 以上相比，差距仍非常显著；同时，我们的基础研究投入主体中存在非常明显的结构性扭曲现象，突出表现在企业主体方面的投入动力严重不足，企业基础研究支出占国家基础研究投入总额的比重不到 5%。我们认为：一方面，要充分夯实国家在"从 0 到 1"环节的原始创新和颠覆性技术创新主导的基础研究和应用基础研究领域的主体地位，落实好国家"十四五"规划制定的 2025 年末将基础研究占全社会研究与试验发展经费支出的比重提至 8% 的既定任务，有必要在"十四五"末将基础研究占全社会研究与试验发展经费支出的比重提高至更高的标准，甚至可以考虑达到发达国家平均值的 15%；另一方面，新型研发机构要通过创新成果的输出，形成自己的"造血"机制和"造血"能力。在科研成果转化方面，需要充分发挥省级和全国人大立法职能，为新型研发机构划定法律许可范围，列出"负面清单"，用法律法规为职务行为提供保障，进一步解放"四不像"机构的生产力。

迈向一流实验室的多个维度

随着后疫情时代的到来，国际形势不确定性增加，大国竞争日趋激烈，国家把科技自立自强作为发展战略支撑，不断加强对科技创新的重视和投入，科技创新被提升到前所未有的高度。对于之江实验室，这既是千载难逢的历史机遇，又是困难重重的严峻挑战。那么，之江实验室如何才能抓住机遇，承担重任，成为抢占新赛道的国家战略科技力量，朝向世界一流国家实验室建设目标迈进呢？

基础研究是整个科学体系的源头。想要跻身世界一流实验室，加强基础研究既是实现科技自立自强的必然要求，也是形成颠覆性创新成果的原始动力。颠覆性科技创新更为艰难，既需要之江人皓首穷经的耐心，也需要光彩夺目的天分，唯有久久为功并取得关键性突破，才有可能柳暗花明、渐臻佳境，实现"从0到1"的突破，成就创新发展之辉煌。之江实验室要瞄准科技关键前沿领域，做好"坐冷板凳"的准备，潜心基础研究，突破一批满足国家战略需求的关键科学问题和核心技术，提升国家科技创新体系整体效能。

体制机制创新是提升科技创新能力的有效保障。之江实验室要不断探索体制机制创新：首先在治理结构上，之江实验室需要发挥混合所有制优势，进一步探索混合所有制事业单位法人治理结构，为探索社会主义市场经济条件下的科技创新新型举国体制贡献"之江样板"。其次，在组织模式上，有效的组织模式是科技创新的关键，不同的研究领域、机构性质需要与之相匹配的组织方式。例如，对于前沿基础研究，需要保有自由探索的充分空间；对于目标明确的重大任务，需要兵团化的协同作战。无论何种组织方式，均应有明确的问题导向和目标导向。再次，在制度保障上，之江实验室应进一步探索新型研发机构组织管理机制，继续完善政策保障和规章制度，健全合法合理、相恰互促、宽严并济、有利创新的之江政策体系，为实现跨越发展提供强有力的制度政策保障。

条件保障是打好科技创新的坚实基础。首先，之江实验室要进一步推进大科学装置建设。基础研究的组织化程度越来越高，重大理论发现和科学突破越来越依赖于重大科技基础设施等科研条件的支撑。之江实验室需要继续推进支撑重大科学发现的装置平台建设，形成布局科学、技术先进、运行高效、支撑有力的重大科技基础设施和科研基础平台体系，从而提升对接承担国家战略科技任务能力。其次，之江实验室也要夯实助力发展的后勤服务保障，解决之江实验室科研人员的后顾之忧。之江实验室要营造有利于科研人员潜心钻研和突破创新的工作环境，对于南湖这一庞大的资源，也要发挥好它的平台优势，增强它对周边科创地带的溢出效应。最后，之江实验室还要发挥好自身智能优势，推动信息技术与园区服务深度融合，实现园区智慧运营。

激发各类人才的创新活力是实现科技创新的动力源泉。创新之道，唯在得人；得人之要，必广其途以储之。之江实验室要更加重视人才自主培养，以科教融合培养高水平创新人才，努力造就一批具有世界影响力的顶尖科技人才，要继续坚持全方位培养、引进、用好人才，健全国际一流科技领军人才和创新团队的培养发现机制。当前，中国的科技创新的软硬条件都已充分具备，人才培养的质量也已有了较大的提高，在强调国际化人才引进的同时，之江实验室也要高度重视和支持本土自主培养人才的发展，逐步消灭人才"双轨制"，培养具有国际竞争力的人才"后备军"，努力使之江实验室成为培养科学大家的摇篮。

开放合作是科技创新的必然选择。之江实验室要在坚决做强自身主体的同时，坚持走开放合作的道路，实施更加开放包容、互惠共享的国际科技合作战略。"河海不择细流，故能就其深"，之江实验室要坚持"走出去"和"引进来"相结合，最大限度用好全球创新资源，强化全球精准合作，深度参与全球创新治理，提升实验室的全球影响力。之江实验室要想让新型研发机构"领跑者"地位得到普遍认可，就要深度融入全球创新网络和创新治理体系，从而进一步提升实验室在重要国际科技组织中的知名度和影响力。

科研成果转化是科学创新成果的检验手段。科学问题驱动和应用需求牵引是科技进步的两个主要动力，特别是在当前数字驱动、学科交叉的科研趋势下，二者不应完全割裂。之江实验室的科学问题驱动与应用需求牵引应共同发力、推动科学进步，这就需要之江实验室加速推进科研成果转化应用，汇聚发展动力；加强实验室优势资源和创新力量供给，推动科研成果在国家重大工程和重大战略领域应用实现。只有打通成果转化的市场化运作通道，才能以关键技术产业化带动、提升浙江经济高质量发展。之江实验室要加快培育战略性新兴产业和未来产业，推动科技与金融深度融合，促进创新链和产业链精准对接，加快科研成果从样品到产品再到商品的转化，把科技成果充分应用到现代化事业中去。

文化软实力是科学创新的价值引领。打造国家战略科技力量，之江实验室应把为社会发展、国家富强和人类进步作为崇高的使命愿景，通过宏大的使命愿景激发持续发展的动力，不过分在意一时的得失，摒弃短视的功利主义，将使命愿景内化为各项科研工作的核心动力并融入制度文化体系中。因此，之江实验室要厚植人文理念，以"科学精神，家国情怀"为主线，总结凝练实验室价值观和文化精神，锤炼形成之江文化体系，整体提升之江精神的凝聚力和感召力。除此之外，之江实验室也要注重实验室学术声誉与社会影响，打造之江学术品牌，讲好之江文化故事，增强之江文化的创造力和引导力，以及之江品牌的影响力和传播力。

站在"十四五"的时代新起点，之江实验室明白在科学的道路上没有平坦的大路可走，只有在崎岖小路上不畏劳苦，才有希望到达光辉的顶点。面对未来的风险与阻碍，每一个之江人都相信，紧跟党走，坚持国家战略需求导向，在科学探索中保持追寻科学真理的热烈赤诚，必将走出属于自己的科学之路！

第三章

科学精神，家国情怀

文化是一个国家、一个民族的灵魂。习近平总书记强调，"文化自信，是更基础、更广泛、更深厚的自信，是更基本、更深沉、更持久的力量"，一个没有精神的民族难以自立自强，一项没有文化支撑的事业难以长久维系。如今，我们的身后是浩浩五千年的中华文明，我们的血脉中流淌着的是中华民族生生不息的精神追求，我们的眼前是日新月异的科技时代。只有站在时代前沿，引领风气之先，才能在历史的洪流中屹立不倒，继续奋勇向前。

"人才是本，文化是魂"，"科技支撑发展，文化引领未来"，之江实验室领导层对自身的文化建设有独特的认知与感悟。一路走来，实验室始终高度重视"科学精神，家国情怀"核心理念的学习、思考、领悟与践行，以正确的人生观、世界观和价值观，涵养全体之江人服务国家的担当、敢为人先的勇气、追求卓越的精神、和谐包容的品质，不断增强大家的价值认同和文化自信；实验室还从精神文化、制度文化、行为文化、物质文化以及文化传播等方面，强化文化浸润，系统谋划、实施"立心铸魂工程""制度激励工程""成风化人工程""以文塑韵工程""文化传播工程"五大文化工程，持续增强实验室的团队凝聚力、精神生命力和品牌影响力，形成求真务实、潜心科研、共建共进的文化氛围。

第一节 文化为魂，引领未来

2021 年，之江实验室面向科研人员组织了一次调研，了解科研工作、科研保障及价值认同等相关内容。参与此次调研的科研人员总数占实验室全体科研人员的 52%。从调研结果来看，人才队伍建设、科研考核评价、研究自主性是科研人员最关切的话题；同时，他们也十分关注文化建设，期望实验室进一步形成"理念上志同道合，情感上同频共振，行为上合力合拍"的良好氛围和局面，使文化成为支撑发展、引领未来的关键资源，成为培育受人尊重、令人尊敬的科学家群体的助推器。

回顾之江实验室的发展历程，大家普遍认为，当前文化建设的重心在"内塑人心"和"外树形象"两个方面。内塑人心，首先必须解答好"如何让实验室全体成员认知认同'科学精神，家国情怀'核心理念，转化为凝心聚力的自觉行动"这个关键问题；外树形象，则需要回答"实验室的品牌形象如何"的问题。具体而言，就是怎样通过显性化、特色化、品质化的路径，让公众了解、记住、欣赏之江实验室。

"小我"融入"大家"

作为一个新生的科研组织，之江实验室尚没有重大科研力量和学术文化上的深厚积累，这条从无到有、由弱到强的探索之路，必须由之江人自己来开拓。为了保持科研的活力和激情，让不同文化、不同思想碰撞出更多创新的火花，实验室不断吸纳海内外优秀人才。据不完全统计，实验室80%的科研人员有海外留学经历。

不同的家庭背景、教育背景、文化背景，迥异的文化观念和价值观念交织在一起，构成这样一个特殊、多元的团队。在日常工作中，这些不同的观念难免会引发矛盾冲突。该用什么统领这一多元混杂的形态？如何才能凝心聚力，让不同背景的人心往一处想、劲往一处使，将分散的力量拧成一股绳？这便是摆在团队眼前必须要解决的问题。

此时，精神文化的作用便凸显出来了，它润物细无声，却又坚不可摧。在不断探索中，之江实验室逐渐形成了"科学精神，家国情怀"这一共同的文化价值观，营造了"以科学精神为追求，以报国初心为引领"的文化氛围，全员在科技创新的道路上团结奋进、砥砺前行，创新活力不断得到发掘和发挥，团队性的科研工作不断得到推进。

从以"文化融入"为主题的访谈或通话中可以看出，这些来自五湖四海的员工大多已经成功适应了在实验室的工作和生活，在这片科研沃土上深深扎根。他们认为实验室整体的文化氛围开放且包容，为科研人员营造了舒适、自由且有助于激发创新和智慧的空间。实验室的中国籍员工大多数能够流利地使用外语，拥有跨国视角的文化背景，与外籍同事交流无障碍，这也为跨文化科研的开展奠定了坚实基础。

在访谈中，泰籍科研人员 TK 表示，由于泰国和中国文化非常相近，而且实验室的室友（注："室友"是对实验室同仁的亲切称呼，后同）们都非常开放和友善，因此，即便是在入职之初，他都没有感受到任何"文化融入"的障碍。在参与"多中心智能医学信息平台"这个项目的过程中，TK 最初无法理解为什么不能从合作的医院或研究机构对接人那里直接获取所需要的数据，而是需要对接人通过行政级别层层向上申请以获取许可，他认为这严重影响了自己开展项目相关科研工作的效率。但后来他学着接受和适应这样的沟通文化，也感受到这种多层级控制数据和信息的模式和其中反馈的疑问等，其实有助于他规避研究工作中的狭隘和短视。他说，实验室的工作让他收获很多，在这些经历中，他从独立研究者转变为真正融入大科研团队的科研工作者。

让初心照亮前路

大到一个国家，小到一个个体，要持续发展，都既要着眼当下，也要放眼未来，文化建设就是一项立足当下且为未来奠基的重要工程。而价值观的确立是文化建设的核心，是一个组织推崇什么精神、倡导什么风尚鲜明的昭示。特别是在遇见模糊地带、面临矛盾纠结时，我们若想要遵从内心的力量做出正确抉择，便需要正确价值观的指引。

无论是组织还是个人，问题之端往往在于精神，精神上的懈怠导致行为的偏差，最终引起全盘的崩溃。所以任何时候、任何人，都不应轻视文化和精神引领的重要性。

在探索建设新型研发机构的道路上，之江实验室始终把文化建设摆在至关重要的位置。没有成熟的样板可以参考，就通过不断的审视、思考、实践和修正，探索适合自身发展、具有引领意义的核心价值观。

纵观世界各国重要科研机构，其核心精神的阐释各不相同，对科学家精神的理解也各有侧重。在我国，随着科技事业不断实现飞跃，新的科学规范问题越来越引起全社会的广泛关注，作为塑造科学规范重要资源的科学家精神也越来越引起全社会的重视。在国家出台的《关于进一步弘扬科学家精神加强作风和学风建设的意见》中，中国科学家精神被概括为："胸怀祖国、服务人民的爱国精神；勇攀高峰、敢为人先的创新精神；追求真理、严谨治学的求实精神；淡泊名利、潜心研究的奉献精神；集智攻关、团结协作的协同精神；甘为人梯、奖掖后学的育人精神。"

在此基础上，我们还要寻找更贴近之江语境、更结合之江实际的精神文化。作为一个被社会寄予厚望的新型研发机构，之江实验室的价值理念是浙江省向全国乃至全世界递出的一张文化名片。以成为世界一流的科研创新中心为目标，之江实验室必须拥有崇高的初心愿景，要把科学发展、国家需求、人类福祉作为我们的追求，作为全体之江人矢志不渝的奋斗目标；要摒弃短视行为，避免片面追求热点的科研行为，始终围绕使命与目标，培育之江人勇于承担、甘于奉献的情怀；要形成团结拼搏、开拓进取的精神面貌，营造追求卓越、宽容失败的科研氛围，努力打造积极向上的之江文化，全力加快实验室建设步伐，使之变成为国家科技自立自强贡献力量的"之江担当"。

基于这样的思考，之江实验室逐渐从多元文化并存走向以"科学精神，家国情怀"为主流文化引领的道路。"科学精神"是之江实验室的理念和原则体现，"家国情怀"是之江实验室的使命与责任所在。我们要锤炼形成"科学精神，家国情怀"的文化精神，自觉向老一辈科学家学习，为科技拼搏、为国家奉献，瞄准国家最紧迫的问题展开科研攻关，把祖国和民族的使命放在自己的心上，为我国实现高水平科技自立自强贡献力量，使科学精神的求是、创新、开放、合作与家国情怀的爱国、担当、拼搏、奉献逐渐成为"之江基因"。

文化激活"之江力量"

人无精神则不立。作为科研工作者，发扬胸怀祖国、服务人民的爱国精神，勇攀高峰、敢为人先的创新精神，追求真理、严谨治学的求实精神，淡泊名利、潜心研究的奉献精神，集智攻关、团结协作的协同精神，甘为人梯、奖掖后学的育人精神，应是义不容辞的责任。团队无精神则不强。对任何一个组织而言，文化是解决组织为什么存在、到哪里去、拿什么激励大家冲锋陷阵等问题的指南。缺乏文化的有力支撑，组织走不远也做不大，更谈不上基业长青。

精神文化是一种原生的驱动力，由科学家精神以及核心文化价值观凝聚而成的"科学精神，家国情怀"不是空洞的口号，它所包含的"爱国、求实、创新"的深刻内涵既是之江实验室在科研探索中所必需的品质，也是驱动年轻的之江实验室在探索未知的道路上披荆斩棘的强大力量。在统一的文化语境和精神氛围的熏陶下，之江人和衷共济，勇攀险峰。

位于西太平洋的马里亚纳海沟是目前已知的海洋最深处，静水压力极高、温度低、完全黑暗，被称为"地球第四极"。在深海科考中，为了抵抗巨大的静水压力，现有的深海机器人均需高强度的金属耐压容器保护。而摒弃耐压壳保护和电机驱动，在深海实现软体机器人的自供能驱动，这件事还没有人干成过。深海软体机器这个崭新的科研方向，鲜有先例可循，从理论方案设计到实际样机验证，都有很大的挑战性。

之江实验室的科研团队就挑战了这个艰巨的任务。将近一年的时间里，项目团队每半个月就要去上海做一次机器人的压力实验验证，但每次都会遇到不同的 bug，如电子器件压溃、材料驱动失效、密封失败等各种各样的问题，大家无数次斗志昂扬地出发，却带着遗憾归来。但这个过程就像是"升级打怪"，从最初提出有意思的创意到最终成功通过海试，历时数载，这条"鱼"最终"游"向深海，"游"上《自然》杂志封面。

团队成员梁艺鸣说："从事科学研究，有时会感到迷茫，状态也会有起伏，这些都很正常，但是最重要的是心态。研究人员要像潜水员一样'努力弄清楚情况'，让未知的'海底'逐渐清晰，直到豁然开朗。"

第二节　之江之人，价值追求

走进之江实验室，映入眼帘的便是醒目的八个大字："科学精神，家国情怀。"每个之江人都会在这八个大字下驻足凝视，在这八个大字中寻找自己的初心在哪里，叩问自己的初心与使命到底是什么。"这是一种自我审视，更是一种自我激励，每当遇到失败或者感到迷茫的时候，看到这几个字，我就找到了航标。"对，这就是之江实验室的共同价值观，就是之江实验室的文化基因，就是每一个之江人的初心与使命。

成立五年来，之江人无时无刻不以实际行动诠释着"科学精神，家国情怀"的深邃内涵。也正是"科学精神，家国情怀"感召、鼓舞着之江实验室不断攻坚克难、砥砺奋进，直到交出了丰硕的科研成果，并逐渐形成高端创新人才的"强磁场"，吸引全球精英汇聚南湖湖畔，共创大业——在智能计算、智能感知、智能网络等诸多领域，之江人前赴后继、无私奉献。实验室灯光勾勒出他们日夜俯首的身影，工厂车间留下他们奔走试验的脚印，科技产品凝结着他们的智慧与汗水……一个个克服极限考验、实现科技突破的时刻，将"科学精神，家国情怀"写遍南湖边、之江畔，写在中国的科学大地上，写在世界的科学版图上……

以科学精神奠基

科学以探究真理、发现新知为使命，科学精神的内涵天然地包括求真务实、明理守则、开拓创新、勇于探究、善于反思、宽厚包容等重要品质。其实，之江人对"科学精神"的理解非常朴实，即"三求"内涵——以"求真、求善、求美"为精神依归，以"求高、求专、求精"为行动导向，以"求新、求奇、求特"为科学路径。

在这里，"科学精神"不是一面华丽的旗帜，不是一条堂皇的标语，而是每一个之江人的灵魂与信仰。"科学精神的第一要义就是实事求是。在求是的征程中，必须先求实。在科技创新的国际发展大势中，我们要找到自己的方位。"实验室研究员张汝云这样阐述自己对"科学精神"的理解。他说，我们应当静下心来，真真切切地去解决一些国家战略需要的问题，去做真正能够推动经济社会发展的科学研究。

科学是格物致知的学问，真理面前人人平等。在之江实验室，谁都可以发出质疑的声音，就一个问题展开的辩论更是数不胜数。

智能超算研究中心的成员来自天南海北，年龄段覆盖了"70后"、"80后"、"90后"，思维差异较大。但智能超算研究中心提倡每个人都发挥主人翁精神，允许百花齐放，在思维碰撞中求同存异，以完成团队任务为最高目标。在进行超算互联网项目攻关时，智能超算研究中心的目标是构建超算应用服务平台和相应标准体系，整合多个超算中心的计算资源，实现计算资源的充分共享和高效调度。在论证设计方案时，出现了两种观点：一部分成员支持"平台先行"的思路，即先构建超算应用服务平台，在使用和测试中不断改进，再从实际设计方案中抽象出标准，但这样平台的通用性可能不够，不利于平台推广；另一部分成员认为应该"标准先行"，即先制定好通用的标准，再根据标准设计具备通用性的超算应用服务平台，但从零开始制定出高水平标准的难度较大。大家虽然进行了多轮讨论甚至争论，但谁也无法说服对方。

考虑到项目推进的难度，最终大家决定在实践中探索最优方案，即先设计实现一个平台原型，进行一些技术探索和验证之后，再决定后续是采取"平台先行"还是"标准先行"的设计方案。在这个过程中，项目成员不断跟相关方面的专家交流，发现之前忽视了国内超算中心的生态特点，即开发一个新生的私有平台很难被认可和接纳。在重新审视了项目的研发和推广思路后，大家达成共识，最终决定采用"标准先行"的推进方式。有了之前的探索经验作基础，团队快速制定了可匹配多种超算架构的通用标准初稿，再根据该稿对超算应用服务平台进行大刀阔斧的修改。这一成果将目光投向全国55个超算中心，有望为国家的"东数西算"战略提供支持。2021年11月，在美国举行的全球超级计算大会上，这项被学术界评价为打破"量子霸权"的突破性研究成果被授予了有"超算界诺贝尔奖"之称的"戈登·贝尔奖"。

是什么构筑了这支跨越三代人的团队的共同价值？那就是科学精神的"三求"内涵——"求真、求善、求美"是之江人的精神依归，"求高、求专、求精"是之江人的行为导向，"求新、求奇、求特"是之江人的科学路径。智能超算研究中心的团队成员感慨地说："这项工作非常艰难，每天都是高密度的头脑风暴、技术研讨，曾经也吵到谁也不想理谁，但这种较真正是我们的日常，大家都想找到问题的最优解。"

以家国情怀铸魂

围绕打造国家战略科技力量的总目标，之江实验室在每一个之江人心中厚植"心有大我、至诚报国"的家国情怀，并以其无声的感召力，激励着科研工作者将个人理想追求融入国家科技创新事业中。

科学无国界，但科学家有家国，科学家的家国情怀正是一种站在过去、现在、未来的时间维度上，对家庭和国家表达出的认同感与归属感。在之江人的心目中，家国情怀有着特殊的含义："家"是一种唇齿相依、同气相求、命运与共的共同体意识，"国"是一种科技报国、科技兴国、科技强国的爱国精神。

有国才有家，爱国精神是科学家精神的灵魂。习近平总书记指出："长期以来，一代又一代科学家怀着深厚的爱国主义情怀，凭借精湛的学术造诣、宽广的科学视角，为祖国和人民作出了彪炳史册的重大贡献。"面向新时代，广大科技工作者需要继承发扬以国家命运为己任的爱国主义精神、以爱国主义为底色的科学家精神，把论文"写"在祖国的大地上，把科技成果应用在实现现代化的伟大征程中。

"作为科研工作者，科研报国是每个科研工作者的必经之路。我认为，家国是分不开的，有国才有家，家国情怀刻在每个人的心里。我们每个人的力量虽然很微小，但可以贡献自己的一份力量，让国家变得更好。我希望能够借助科技的力量，构建更加智能的医疗环境，提高生活质量，为'健康中国'贡献自己的一份微薄之力。"健康医疗大数据研究中心工程专员马爽在谈及从事科研工作以来的感悟时表示。

在之江实验室，家国情怀常常被诠释为一种"无我之境"。诚然，"无我之境"是"牺牲小我、成就大我"，但在更深层的精神意义上，"无我之境"并不是放弃自我，而是让自我在更宏大的家国境界上得以安放，是自我认知的升华、自我价值的实现。

716项目组就是很好的例子。2020年的7月16日，实验室从各个中心紧急抽调了十几名同志开了一次会议，开启了一个响应国家需求的重要项目。"其实当时我的状态是迷茫的，我觉得当时在场的大部分人可能跟我的状态差不多。"项目组成员牛丽琨说。但随着项目的推进，团队成员的使命感和信念感越来越强。项目负责人身体力行，勇于担当，她每天晚上带大家一起补课学习，学背景，学基础理论，自己经常熬夜到凌晨，坚持写代码，为团队做了很好的表率。

在项目推进的两年时间里，团队经历了 5 次海试，每一次海试中，成员们都克服了生理与心理的双重挑战。民船甲板破碎、窗户破裂、海水灌入、电脑进水，在这种糟糕的境况下，他们仍然没有放弃，而是拿着塑料袋一边吐一边处理数据，熬了好几个通宵，熬不住了就躺在沙发上休息一会儿。"每次能在试验中看到自己开发的算法发挥作用，那时的成就感与喜悦感无与伦比，足以抵过科研路上的苦与累。"牛丽琨说。

心怀"国之大者"，不惧艰难险阻。之江实验室还有众多和牛丽琨一样的科研人员，正在勇闯科研"无人区"、实现科技强国梦的道路上坚定前行。

文化谱系的五大支柱

之江实验室是一个以"科学精神，家国情怀"为文化纽带凝结而成的命运共同体、理想共同体、发展共同体，对全体之江人而言，这里是他们"成长发展的乐园、和谐温馨的家园"。

如果"科学精神，家国情怀"是之江之魂，那么使命驱动、集智攻关的科研文化，跨界融合、开放协同的学术文化，拥抱变化、奋斗创新的成长文化，服务科研、需求导向的人本文化，鼓励创新、容许失败的宽容文化，则是之江文化谱系的五大支柱。

科研和学术，既是实验室事业的顶梁柱，也是实验室文化的基因。科学探索是朴素的。科学的本质在于从变动不居的现象中挖掘其背后的本质规律，从繁复的现象抵达朴素的真理。科研人员在探求真理的过程中，总是在"积凡成奇"，做好每一件平凡的事，用长久的蛰伏积累创造一个奇迹的力量。科学家的精神追求也总是朴素的。理性的旨趣、纯粹的好奇心、执着的求索，便是他们生命价值的体现。因此，他们从名利中全身而退，在喧嚣中宁静自处，在潜心研究中获得至高的精神满足。在纷繁复杂的当下，回归朴素既需要勇气，也需要智慧，而这也正是之江人所追求的文化气质所在。

曾有新员工在"启航计划"的"科学家精神学习分享会"上这样说道："'苦干惊天动地事，甘做隐姓埋名人'是老一辈科学家的集中写照。中国科学家是充满理想和献身精神的群体，他们传承着中华民族的伟大创造精神、伟大奋斗精神、伟大团结精神和伟大梦想精神。栉风沐雨、砥砺奋进的中国科学家精神汲取了世界科学文明的养分，镌刻着中华优秀传统文化的烙印，承载历史并昭示未来，必将感召和激励后人接力精神火炬，奋进新的长征。"

"科学需要探索的精神，走别人没走过的路，才体现科学价值。"李月华是之江实验室智能机器人研究中心的研究专家，她带领着一个平均年龄不到29岁的科研团队，正在研究如何利用人工智能技术赋能外太空地表探测，希望借助人工智能相关技术，让"星球探险"机器人能在外太空地表行动自如、智能决策。这个项目历史参照少，实地研究条件也需要自己摸索着创造。外太空地表环境复杂危险，面对沙漠、岩石、浮土等不同地表环境，机器人不仅需要明白自己在哪里，而且需要判断自己往哪里走、怎么走才安全。其中最大的挑战在于，人类对外太空环境了解非常少，自然也缺乏相应的解决方案，但李月华说："我们年轻人不怕，勇往直前，永不言败，就该是我们年轻科技工作者的本色。"为了更好地进行研究，李月华团队曾远赴新疆，去往无人区，实地勘察与火星等外太空地表最为近似的雅丹地貌，并在实验室搭建了一个满是猩红色沙土岩石的外太空地表模拟场。早上八点到实验室，晚上十一二点才回去，这是李月华惯常的生活节奏，但她并不觉得苦，反而乐在其中。

"善学者尽其理，善行者究其难"，之江实验室深厚的科研和学术文化也催生了之江人拥抱变化、奋斗创新的成长文化。冲破现有的真理体系，努力探索新的科学疑问，提出新的概念、理论、方法，开辟新的领域和方向，形成新的前沿学派，这是科研工作者的心之所向。

"想别人想不到的办法，Do something different"，这是之江实验室融合智能研究中心副研究员傅四维的座右铭。"我希望能思人所未思、做人所未做。科研就是这样，创新是第一要义，永远要做跟别人不一样的事情。在之江做科研是一件很幸福的事，资深的导师指引，强大的团队支撑，让我有信心去创新，做出更好的成果。"傅四维说道。

科学探索永无止境，囿于现有的知识和方法，将会在探索的道路上止步不前，放弃认识未知领域的可能性，便是对这部分事实的不敬。本质上，求新包含于求真，是求真的一种具体表现。本着求真的理念，之江实验室不做第 1 001 个研发机构，要做的是别人不想做、不敢做的科研，哪怕单枪匹马，也要勇闯无人区，以明知山有虎、偏向虎山行的勇气，创造出更多的原创性成果。

严国锋是之江实验室超级感知研究中心的研究员，他的口号是"永远年轻，永远热泪盈眶"。这句话出自《达摩流浪者》，在他的理解中，这是青年人应有的热情和态度——永远充满向往和激情，生命不息、奋斗不止。工作时的严国锋，惟日孜孜，一片热忱。面对超级感知研究中心建设繁杂的工作，严国锋毫无抱怨，反而乐在其中。他说："科研人员往往在某一个细分专业方向上钻得很深，研究广度是一个容易被忽视的维度。我在参与中心规划和建设的过程中，接触了声学、光学、环境设计等多个领域的专家和团队，得以从跨领域视角来审视自己的科研工作。我想说，所有看似'无用'的努力，都是在为时机到来做铺垫。我坚信，厚积才能也必定能薄发！"

一直以来，之江实验室都倡导服务科研、需求导向的人本文化，想员工之所想，急员工之所急，让员工安心科研、快乐生活。2021 年 9 月，之江实验室托儿所正式开园，为实验室员工子女提供科学、专业的养育照护服务。"带着萌娃来上班"成为现实，员工的后顾之忧得到了切实的解决。2022 年 6 月 18 日，之江实验室"方中智海"科学家村正式启用，922 套人才公寓迎来入住室友。与室友为邻，步行 15 分钟即可到达实验室，职住一体化、配套完善的人才安居保障体系逐渐成型，员工幸福感得到极大提升。

波普尔强调：科学是一门可错的学问，科学发展的历史就是不断试错的过程，科学发现遵循试错模式。科学事业的伟大之处在于不断探索未知领域，拓宽人类认知的边界，因为未知，所以没有不变的发现模式，也没有恒定的预期路径，不变的只有对未知、真理的不断探求和追寻，这一不断试错而向真理逐渐逼近的过程，也就是排除错误、探索真理的过程。"只问是非，不计利害"的求真精神，是科技发展进步的原动力。在之江实验室，"鼓励创新，容许失败"从来不是一句空话。之江人倡导的是不唯论文、但唯实绩的科研导向，唯一的压力就是创新本身。只要有好的创新想法，实验室会创造一切条件提供支持，会想尽一切办法解决研究者的后顾之忧。

先进计算机研究中心由之江实验室与中国科学院计算技术研究所共同创建，肩负着面向重大应用和国家关键行业发展研制专用智能计算机和提供算力支撑的重要任务。创新实践中的失败在所难免，尤其在硬件等基础研究条件相比竞争对手处于弱势的时候，想要超越世界一流标准，实现软件和算法层面的突破性优化，过程中的"拦路虎"必然层出不穷。中心智能基础软件团队主要成员毛旷、汤昭荣和潘秋红在回忆首次参与全球权威 AI 性能评测竞赛 MLPerf 时，感慨地说道："我们用将近半年的摸索，突破技术路线不明晰、硬件劣势、测试时间紧迫等诸多方面的限制，通过设计一套全新的智能软件栈，从算法模型、编译技术、量化参数等方面开展协同优化，设计融合了多套优化策略，并取得了 Bert 模型 1.54 ms 的最佳推理速度，以更低的服务器硬件配置，将性能稳定在 Bert 模型 1.54 ms 的最佳推理速度上，从而击败国际上众多拥有硬件优势的竞争对手，获得单项第一。现在回忆起来，依然觉得是一个难关和考验。其间经历了无数失败，包括团队人手短缺、技术路线探索上的屡屡碰壁、测试期间 bug 频出等故事和事故，好在中心负责人韩银和主任顶住各方面压力，在帮助团队确立明确目标和争取相关资源的同时，基于现有条件和研究现状，也给予了我们足够的理解和宽容。"

第三节　内塑人心，成风化人

文化的真正力量不在于口号和标语，而在于文字背后的身体力行、知行合一。中国传统文化中，儒家心学的代表人物王阳明主张"知行合一"，他在《传习录》中说"知是行之始，行是知之成"，认为知行本是一体，未有知而不行者，知而不行，只是未知。"知"必然要表现为"行"，不行不能算真"知"。如果"知"是对价值观的探究和定位，那么"行"就是方法论的具体实践，"知行合一"就意味着价值观和方法论的高度统一。只有行动才能改变自我，只有行动才能带来成功。

认识到这一点，之江实验室自成立之初，就高度重视文化建设工作。围绕之江实验室文化建设如何"突出内涵、神形兼备"，弘扬实验室核心精神和文化内涵；如何"突出特色、有的放矢"，打造具有品牌显示度的之江文化，营造富有科技人文气息的之江氛围；如何"脚踏实地、求真务实"，建立与文化协同发展的制度体系，推动实验室核心价值观融入实验室各项工作等问题，在核心价值观凝练、制度文化建设、文化载体打造等方面展开了诸多有益探索。在党群工作部成立宣传与文化中心，专职负责实验室文化建设；成立由内部员工代表和外聘专家顾问组成的文化建设委员会，加强实验室文化建设的顶层设计和制度谋划；制定《之江实验室五大文化工程实施方案》《之江实验室文化建设年行动方案》等，推进文化建设落地。

讲好文化"第一课"

文化要落地，首先要入脑。如何强化员工对之江实验室文化价值观的认同感，就成了实验室文化建设的核心要义和关键所在。这是一个简单的道理，如果一个员工连实验室的文化都不认同，又谈何融入？进一步讲，文化的统领作用又如何实现？因此，实验室所推行的文化举措，必须从加强理念文化宣贯，提升文化价值认同的角度出发，引导员工坚定理想信念；增强员工对实验室文化，尤其是对"科学精神，家国情怀"这一核心文化价值观的认同感；牢固树立员工的"主人翁"意识，推动形成强大的自我内驱力和集体"使命场"。

"建设卓越的实验室文化"，这是每个新员工都必须听的文化"第一课"。从介绍实验室的发展历程，到解读实验室核心理念的深刻内涵，它为实验室的新成员打开了一扇窗，让他们了解实验室的建设初心与使命，并将其内化于自身追求的一部分。

"我第一次见到'科学精神，家国情怀'八个大字时，脑海里出现是我最敬佩的两位科学家：'两弹一星'功勋科学家钱学森和'杂交水稻之父'袁隆平。如今，我们同样身在科研一线，理应用实际行动继承发扬老一辈科学家们的精神品质，以甘坐十年冷板凳的耐力，咬定青山不放松的执着，持之以恒地专注着国家和人民需要的科研，为祖国的强大、为人民的幸福、为社会的繁荣贡献之江力量。"之江书院启航新人班学员在听完"文化第一课"后，对"科学精神、家国情怀"有了更深的认识和理解。

文化传播是个系统工程。与讲好文化"第一课"相呼应，之江实验室相继推出了"新员工廉政课""党史学习会""资深室友见面会"等一系列文化宣贯活动，加强实验室的文化宣传和引导，并汇集实验室的使命、愿景、价值观、内部文化准则、制度文化体系等相关信息，汇总实验室成立以来所形成的积极正面的文化案例，将其编撰成《之江实验室文化手册》，让新员工能够第一时间全面了解之江实验室建设的初心使命、规章制度、发展规划、考评体系等，从而对实验室文化有更具体和更深刻的理解。此外，实验室通过实施"菁英培训计划"，组织科研和管理骨干人才赴井冈山、延安等红色教育培训基地开展培训，以红色革命精神和新时代科学家精神为基础，加强员工的理想信念教育，进一步坚定理想信念，凝聚价值共识。

如果选一样东西作为文化传播工程的代表，那应该是之江实验室的"室歌"——《之江实验室之歌》。著名音乐制作人李广平说："把企业当人来写，写出企业的文化特征和人性化内涵，让产品的文化气质和人的修养气质完美融合、让人在欣赏歌曲的同时不自觉地爱上企业的文化特质……"① 一首激动人心的歌曲既是集体智慧的凝结，也是每一个单位主流文化的缩影。实验室与企业一样，歌曲作为特定文化的符号表征，能够提升自身文化的亲和力和感染力。它是桥梁，是实验室内外情感表达与沟通的重要通道；它是号角，持续催人奋进，增强大家的凝聚力、战斗力和自豪感；它是窗口，由此传递单位的使命愿景，扩大知名度与美誉度，树立良好形象。因此，我们把自己的"室歌"看成是有魅力、有韵味的一张金名片！

在浩瀚的东海之滨，有一个之江。我们来自八方，带着同样的梦想。无际的科学前沿，有一个之江。我们披露向前，朝着希望的远方。何惧风雨，何计艰难。磨砺中更加坚强。挺起民族复兴的脊梁，勇于担当，担当！

---

① 企业之歌兴起背后：商业精神的自知、自觉到自信，载央广网，2019 年 10 月 10 日.

山海揽于虚怀，乾坤自在心间。蓄起破晓光明，照亮未知之境，唯求以真，唯尚以实。放歌中我们揽月擎天。张开人类文明的翅膀，自由翱翔，翱翔！

这首《之江实验室之歌》，试图以艺术的形式，展现之江人心怀梦想、勇于担当、追求真理、奋勇向前的时代特征和精神品质，相信每个传唱者都会加深对实验室文化内涵的理解，感受到一份深沉的鼓舞。

以制度融通文化

将实验室核心文化融入相关制度中，引导确立正确的行为规范，是将文化外化于行的关键一步。实验室通过对当前各项制度的评估、完善，推动实验室实现从制度管理走向文化认同，保证文化建设成功落地。

一方面，实验室不断优化完善 KPI 考核制度，将文化价值观纳入考核，激励室友担负文化建设责任；落实实验室科研成果奖励制度，更好地调动科研人员的积极性、创造性；建立实验室特有的成果转化收益分配制度，形成全员共享的实验室文化；完善重大工作任务督办、科研进展督查制度，强化实验室执行力文化。

另一方面，实验室秉持"一切围绕科研，全力服务科研"原则，致力于打造解放科研生产力和创造力的制度文化体系，帮助科研人员摆脱"杂事琐事"缠身现状，为科研人员集中精力潜心研究创造良好的环境。"不用为科研经费奔波，不用为繁杂琐事忧愁，我们就有了心无旁骛做研究的底气。"这是一位研究员最朴素的心声。

任何一个科学发现都是科学发展、积累的结果，是承前启后、一代一代人努力探索的产物。在学科门类划分越来越精细、领域积累越来越深厚的今天，重要科学发现、重大的科研课题攻关更是离不开多学科通力合作，科学家之间、科研机构之间、高等院校之间，甚至国家政府之间的团队合作越来越密切，集智攻关成为时代潮流。

为此，之江实验室积极探索跨领域合作机制，全力打造跨界融合、开放协同的学术文化，为不同学术观点提供自由争鸣的空间，培养员工跨时空互鉴、跨领域融合、协作互利的思维。实验室倡导基于兴趣、应用、数据及算法的混合驱动创新模式，推动科学与人文融合互动，以开放包容的学术文化氛围，鼓励科研人员勇闯"无人区"，引领世界科学前沿。"单丝不成线，'单打独斗'式的科研已经难以适应'融合科学'的新范式，也不利于科研人员的自身发展。"之江实验室工业互联网研究中心副主任张汝云说。他认为在谋定科研方向后，就要尽全力去组合国内相关方向的"最强大脑"，围绕既定目标，开展"大兵团"作战的协同攻关。张汝云坚信，"积力之所举，无不胜也，而众智之所为，无不成也"。秉持着这一理念，张汝云带领团队联合国内优秀科研力量，开展协同攻关，成功建设了工业互联网内生安全试验场，打造出一个全球工业互联网安全创新的新高地。

以人本思想为核心，通过将实验室打造为每位员工成就事业、实现梦想的平台，充分激发员工创新活力，这也是实验室文化建设的重大成效之一。

无规矩不成方圆，实验室以制度建设支撑文化建设，将实验室打造为每位员工成就事业、实现梦想的平台，全面、充分激发员工创新活力。

通过制定《之江实验室员工行为守则》，明确实验室倡导的员工行为规范及"负面清单"，明确哪些可以做，哪些不可以做，树立员工在日常工作中的底线思维，深入开展《之江实验室员工行为守则》内部宣贯工作，从而真正让实验室的文化内化于心，成为每一位员工的自觉习惯。

通过落实研究中心"导师制"，加强科研辅导和文化传承。每位中心负责人及项目负责人担负起新入职员工的导师责任，充分发挥人力资源业务支持人员（HRBP）协调职能，结合每位新员工的科研方向，建立一对一的入职导师辅导机制，同时加强对新入职员工的科研和生活辅导，在科研工作上形成"传帮带"的科研团队建设文化，并鼓励团队成员自由探索、自主创新，营造鼓励自由探索、敢为人先的创新氛围。通过结对签约仪式、分享会等活动，做好之江实验室的文化理念传导工作，并开展科研诚信文化宣贯活动，引导科研人员树立诚信自律意识。

通过实施"科研人才成长工程"，为科研人员成长营造良好的政策环境。该工程以 A、B、C 三个层次阶梯式培养科研帅才、将才和优秀科研骨干人才，培育一批层次高端、梯队有序的科研骨干队伍，形成"科研任务导向"的科研文化，提升科研攻关战斗力。在遵循科学规律的基础上，根据项目特点，对项目实行里程碑或关键节点管理，明确项目作战图、进度表，上墙管理，加强监督落实。鼓励项目组通过周例会、进度分析会、小型研讨会等形式，构建学习型组织，提升团队工作质量和效率，完善结果导向的工作机制。鼓励学术带头人在团队内部建设具有凝聚力、向心力的团队文化，引导团队成员树立"召之即来，来之即战，战之即胜"的科研攻关精神，将个人的理想追求融入国家事业之中。

通过完善之江实验室"荣誉体系"，设立之江杰出科学家、终身成就奖、杰出青年奖、最美之江人、主任特别奖等，制定完善的评选办法，加快推进实施，使之落地为实验室员工的人生价值追求。推行"揭榜挂帅"制度，形成任人唯贤的用人文化。依托实验室"知名浙商协同发展委员会"，发布关键技术攻关任务，鼓励科研团队"揭榜挂帅"，以应用研究倒逼基础研究，以基础研究引领应用研究，积极融入数字化改革进程；同时，针对特定的单一技术，鼓励各研究中心或项目组引入科研竞争制度，发现优秀科研人才。

让员工感受实验室的"温度"

如何让员工真正在内心认可实验室，把实验室当作"第二个家"，而不是"冷冰冰的工作场所"？这需要在细节之处下功夫，让员工感受到实验室的"温度"。

通过文化语境共创，营造鲜明的精神文化氛围。在文化建设委员会的指导下，打造与实验室文化相融的环境形象和社会公众形象，进一步在员工心目中塑造具有亲和力、人文关怀的实验室文化品牌，展现富有内涵、深入人心的实验室文化形象。共同推进南湖园区整体的文化设计工作，创新标识系统、休闲设施、景观视觉优化、办公空间美化以及感恩文化视觉设计等物化表达。在新园区设置文化宣传栏，营造文化氛围。高标准推进南湖总部展厅设计，打造展示实验室创新发展成效的"重要窗口"。不断凝练符合实验室整体文化基调，又各具特色的"文化信条"，强化员工对实验室文化的思想认同和情感认同。加强新园区海棠主题景观设计，以"共构空间建造与精神塑造"推动"望境塑心"，将海棠蕴含的"春华秋实、大气风范、感恩文化"等特质与景观相结合，共同营造"人文山水、精神家园"的实验室景观文化，推动人格的养成、心灵的塑造。

通过交流平台的打造，营造畅所欲言的文化氛围。实验室专门在新园区楼宇设立了学术及群团交流空间，营造出自由活跃的科研氛围，为员工研讨前沿技术提供开放活动空间，让实验室成为一个员工在工作之余可以相互交流、休闲放松的地方。除了开辟物理上的交流空间，为了能让员工畅所欲言，实验室还在内网开设了"建议窗"，发挥全体科研人员的智慧，结合实验室科研布局和重点项目实施，署名或不署名地提出各种科研方向、科研合作、应用典型场景等建议和意见，由科研发展部委托专人进行整理。

通过文化活动，传递了温暖的人文关怀。实验室定期组织开展"科学家精神"报告会，邀请老一辈科学家走进之江实验室，举办"科学家精神"宣讲报告会，激励青年科研工作者传承、弘扬新时代科学家精神，不断增强员工科研报国意识。

同时，实验室还深入推行《之江实验室领导联系研究中心实施方案》，每季度通过实地调研、谈心会等方式，与科研人员进行沟通交流，深入了解员工关切的事项，及时协调解决研究中心发展中的难点、痛点。此外，通过开展"之心行动"室友关怀计划；举办"室友成长营"活动，为入职满三年、五年的员工定制"成长礼"；摄制室友成长故事短片，发起室歌共同创作；每年度举办一次"之心家叙"家庭开放日活动；举办单身青年联谊交流活动，等等，以此增强室友的获得感，激发室友对实验室的文化认同感。通过充分发挥知识分子联谊会、青年工作委员会、博士后联谊会等群团作用，在引导党外知识分子、青年员工进一步认同实验室文化，进一步增强主人翁意识等方面，取得了事半功倍的效果。实验室还通过组织开展形式多样的团建活动，比如定期举办各类社团活动、运动会、疗休养等团队活动，大大增强了团队的凝聚力和向心力。除此之外，实验室还围绕"感念贡献、百树成林""用初心播种未来科学之树"等主题，开展"感念贡献林"树木种植、认养培育、识树赏花等活动，在认养树干处设计安装"室友培育"纪念铭牌，感念员工贡献，激励员工开拓创新。

第四节　外树形象，讲好故事

2022 年 2 月 8 日，浙江省委书记袁家军在调研之江实验室座谈会上指出，之江实验室已经形成了声誉。下一步，要引领浙江省其他实验室的发展，要真正把之江好的做法复制、推广。这既是对之江实验室过去成绩的一种褒奖，也是对之江实验室未来发展的殷切期望。对于之江实验室来说，要形成可复制、推广的标杆和经验，除了持续不断地精进自身的业务，还要讲好之江故事，塑造出强大的品牌文化。

品牌文化既是一种有形的存在，也是一种无形的精神，还是一种形象化的精神存在。品牌文化是品牌在长期的经营过程中形成的文化积淀，是品牌价值的内涵流露，不仅代表了品牌自身的价值观、世界观，也是品牌方与社会交流的媒介，是引发大众共鸣的重要载体。优秀的品牌文化为品牌赋予了生命力和扩张力，对外能让品牌在市场上拥有更强大的竞争力和召唤力，对内则能形成强烈的归属感和向心力。

因此，实验室通过增强文化宣贯工作，鼓励员工唱响时代主旋律，弘扬正能量，主动传播之江文化，用心、用情、用专业讲好之江故事。通过塑造更具辨识度的之江品牌文化形象，扩大实验室知名度，提升实验室品牌影响力。

登上了《新闻联播》

2022 年 5 月 26 日，对于之江实验室智能超算研究中心团队来说，这是一个值得纪念的日子——他们登上了中国收视率最高、影响力最大的电视新闻栏目《新闻联播》。而在此之前，中央广播电视总台《朝闻天下》《新闻直播间》等王牌新闻节目已经对实验室智能超算研究中心进行了连续报道。在短短几天内，一个国家级的媒体用多个王牌节目报道同一家单位的同一个团队，本身就是十分罕见的事情。

事实上，自智能超算研究中心团队荣获第 26 届"中国青年五四奖章"集体奖章后，之江实验室就开始被各大主流媒体争相报道。5 月 13 日，《光明日报》头版以《在智能超算"无人区"唱响青春之歌》为题，报道了之江实验室智能超算研究中心团队的事迹。此后，新华社"新华全媒+"、《中国青年报》头版、《浙江日报》头版，也相继对智能超算研究中心团队的事迹进行了深入报道。这意味着智能超算研究中心团队和之江实验室的影响力开始辐射全国了。

这一斐然成绩固然离不开智能超算研究中心自身的实力，但同样也少不了之江实验室宣传团队在背后"运作"的功劳。自成立以来,之江实验室就特别重视品牌文化的打造与传播,将其放在前所未有的高度,进行谋篇布局。不仅配备专职人员开展品牌文化推广,而且在队伍建设和经费上给予明确的支持。我们深知,如今是一个"酒香也怕巷子深"的信息爆炸时代,哪怕是再香的酒,如果不想办法让人知道,最后恐怕也会淹没在深巷之中,无人问津。

因此,一直以来,实验室一方面立足于内部文化传播自媒体矩阵的建设,提升宣传平台的"圈粉力";另一方面加强与主流媒体的柔性合作,拉近与主流媒体的距离,以优秀作品和情感链接推动主流媒体主动为实验室发声。在与主流媒体的合作中,实验室建立起了国家级媒体+省级媒体+科技类垂直新媒体+技术社区的传播矩阵,采用对口联系制度,针对不同媒体、不同平台的特点进行不同宣传。比如,与《中国青年报》建立常态化联系,持续宣传优秀的之江青年;主动联合新华社瞭望智库,权威发布《科技创新新型举国体制的之江样本》;与浙江卫视合作拍摄《我们的新时代》,讲述地外探测项目组的科研故事,展现实验室战略科学家甘为人梯、奖掖后人的精神,以及之江青年勇攀高峰、敢为人先的创新精神;在 DeepTech、机器之心等专业类媒体上注重科技成果本身的介绍;在知乎等技术社区,则注重强化科研成果、专家观点的传播。

自之江实验室成立以来,已先后在《人民日报》、《中国青年报》、《中国科学报》、《科技日报》、中央电视总台以及科学网等国家级媒体上发表重量级文章和报道数十篇,省市级媒体报道或发表实验室相关内容更是不胜枚举。2021 年 9 月 20 日,一篇题为《之江实验室主任朱世强:新型研发机构要实现 1+1+1>3》的文章在新华社客户端发表,引起了广泛的关注和讨论。

在选题策划方面,实验室主动策划选题、增强原创能力,积极沟通、精准分发,强化聚合互动。我们不断提高传播内容的站位,站在回应国家和习近平总书记要求的角度策划选题。比如，在实验室团队荣获"中国青年五四奖章"集体奖章宣传稿件中，回应了总书记对青年的嘱托，展现了之江实验室青年科研人员的担当；深入挖掘实验室参与数字化改革的有关工作，比如法治大脑建设、经济运行态势分析与模拟推演平台等，输出专家观点、科研成果等宣传报道。

而在受众选择上，我们将实验室的目标受众大致分为政府有关部门、科技及商业领域从业者、社会公众及引才对象等三个层次。针对不同的人群，采取不同的传播载体和方式，实现内容的精准分发。比如，针对政府有关部门时，我们主要通过主流媒体进行传播；针对科技及商业领域从业者时，则是借助科技类专业媒体、技术社区等进行触达；针对社会公众及引才对象时，则通过各类社交媒体进行传播，如微信公众号、视频号、B站、抖音等，我们还与青年"意见领袖"合作，借助青年"意见领袖"在年轻群体中的影响力，扩大实验室受众面，实现影响力破圈，等等。

创新与公众连接的方式

2022 年 5 月，在第六个"全国科技工作者日"，之江实验室举办了一场特殊的专场开放活动，带着社会公众零距离体验 AI "黑科技"，让公众与之江实验室的科学家们一道，共同畅谈人工智能的当下与未来。这次活动在新华社、浙江新闻、中国蓝新闻、天目新闻等客户端进行同步直播，观看人数超过 300 万人次，线上、线下实时参与互动交流。而这只是之江实验室策划的一系列面向社会公众的活动之一。

品牌文化不是某种抽象的符号或原则性的口号，而是能够看得见、摸得着、说得出的精神性存在。它蕴含着深刻的思想内涵与长久的文化脉络，又借助一种相对具体、形象的方式来表征，以一些生动活泼、喜闻乐见的形式或表述来传达。比如，举办"科技文化节"活动，集中展示实验室文化建设成果；在暑期举行科普夏令营，面向中学生开放，制作科普

Vlog 和 Plog，主打"小之说智能"的科普品牌，既践行实验室科技工作者的科普传播之责，又强化实验室的科普品牌输出。

实验室还会借助开展"发现'最美之江人'、争做'最美之江人'"等主题宣传活动，做好先进典型人物的内部评选和事迹宣传，通过讲述平凡人的不平凡故事，进一步弘扬以"科学精神，家国情怀"为核心的之江文化。通过摄制文化故事短视频，举办室友文化宣讲团宣讲，举行"之江人、之江事、之江景"主题摄影比赛，颁发科艺融合"海棠奖"等活动，集中展示实验室在新理念、新科技、新美学等方面的建设成果，引发社会公众和实验室内部员工的思想共鸣。

而在此过程中，实验室特别重视加强文化传播形式载体的创新，以此提升宣传平台的传播力。比如深耕"小之说智能""创新进行时"等品牌栏目，力求表现形式立体化、互动设计体验化，深入探索 MG 科普动画视频、沉浸式体验新闻等传播形态创新，将内容变现为"流量"，使实验室的文化宣传更加年轻化、更加接地气、更具圈粉力。与此同时，实验室通过加强与专业高校、协会的合作，建立与文艺界专业高校与机构的定期交流座谈、调研采风机制，通过影视剧、微视频、书画、摄影等多种艺术形式，借势借力讲好之江文化、之江故事，展现之江人的精神风貌。

实验室还想尽办法积极参与各类大型活动，以此扩大影响力和知名度。先后参加了第四届世界浙商大会、第四至六届互联网大会、首届钱塘江论坛等多个重大活动，在诸多场合发表主题演讲，积极传播实验室的理念和宗旨，并取得了良好的社会反响。在 2020 年的世界互联网大会期间，实验室亿级神经元类脑计算机、无人驾驶虚拟测试与训练平台两项成果落户互联网科技成果展示馆，一批智能计算领域的最"芯"科技成果集中亮相"互联网之光"博览会。

不仅如此，实验室还积极参与大会的举办，参与协办了诸多重要论坛，并提供专业的技术保障，进一步汇聚了世界的目光。

第四章

人才：一张蓝图绘到底

创新驱动实质上是人才驱动。党的十九届五中全会开启了全面建设社会主义现代化国家和世界科技强国的新征程，跻身创新型国家前列和世界科技强国建设的战略目标定位高远而又时间紧迫，需要以人才强国为先决条件，深入实施新时代人才强国战略，发挥人才第一资源作用。习近平总书记指出，战略人才站在国际科技前沿、引领科技自主创新、承担国家战略科技任务，是支撑我国高水平科技自立自强的重要力量，必须把建设战略人才力量作为重中之重来抓。新时代国家科技人才队伍建设首要任务在于部署推进战略人才力量梯队建设，培养造就战略科学家、科技领军人才和攻关创新团队、青年科技人才和卓越工程师，加快建设定位清晰、效能增强、梯次合理的战略人才力量。

浙江是习近平新时代中国特色社会主义思想重要萌发地，在忠实践行"八八战略"，奋力打造"重要窗口"，高质量发展建设共同富裕示范区的道路上，始终将人才强省战略摆在突出位置。在浙江省委人才工作会议上，省委主要领导强调要加快打造世界重要人才中心和创新高地的战略支点。之江实验室作为浙江省委省政府深入实施创新驱动发展战略、探索新型举国体制浙江路径的重大科技创新平台，在聚焦国家战略科技任务，探索世界科技前沿的道路上，同样肩负着强化国家战略科技人才力量的历史使命。

从人才成长规律来看，优秀人才总是向科研生态环境良好、创新活力迸发的创新高地聚集。成立五年来，之江实验室始终坚持人才首位战略，把战略科学家和科技领军人才作为人才培养的重中之重，突破传统科研模式中的难点、堵点，在引才、用才、评才、育才等方面不断创新人才发展体制机制，从成立之初的3人队伍发展到如今3000多人的规模，人才体系逐渐完善，人才活力竞相迸发，创新成果不断涌现，走出了一条独特的人才发展之路。实践出真知，回顾这五年的人才工作历程，之江实验室一直思考并致力于解决的问题，就是如何真正把全国乃至全世界最优秀的科研力量组合在一起，解决国家建设最迫切的"卡脖子"问题，如何营造一个最佳环境，让科学家真正破除"五唯"，回归真心搞科研的正道。

第一节　人才"首位战略"的之江理解

面向建设世界重要人才中心和创新高地的竞争，既是顶尖人才集聚度的竞争、人才作用发挥条件的竞争、人才创新效能的竞争、人才制度体系的竞争和人才创新生态系统的竞争，也是国家代表性人才群体价值创造能级的竞争，以及人才对全世界历史进程产生作用、影响和价值贡献的竞争，而要实现这一切，都需要我们树立人才"首位战略"。

从厘清两个问题开始

人才的厚度往往决定了科学探索的高度。科研机构之间的竞争不仅是学术成果的竞争，更是人才队伍之间的竞争。人才是之江实验室持续发展、攀登科学高峰的强劲动力，只有在人才队伍建设上取得绝对优势，之江实验室才能够在科研上取得更好的成绩。

自 2017 年成立以来，实验室始终坚持人才"首位战略"，在人才战略性布局、高质量人才供给、人才发展机制改革上，系统谋划、实干创新，形成了具有之江特色的引才、育才、用才和人才评价体系。我们意识到，只有一流的创新人才，才能产生一流的创新成果。作为国家战略科技力量的新生成员，我们比以往任何时候都更渴求人才，比以往任何时候都更加重视招引人才，也比以往任何时候都更有条件成就人才。

时光回溯到 2017 年，成立仅一周，实验室就召开了由全体 11 人参加的首次务虚会。在这次会上，唯一探讨的问题就是"人"的问题。大家围绕着实验室需要什么样的人以及去哪里引进所需要的人来实现自身的历史使命展开讨论，并逐步在关键问题的思想认识上取得了统一。

第一个引发争议的关键问题是：人才结构到底该如何配置才算合理？一种观点认为，实验室必须引进世界顶尖人才，类似诺贝尔奖得主或院士层级的大专家，唯有如此，才有可能在短时间内形成核心竞争力；但也有另一种观点认为，大专家已经形成学术定势，在创新力上可能不及年轻人，因此要大量依靠年轻人。这两种观点看似对立，其实并不矛盾。大专家在把握方向、形成声势、争取资源、协调关系等方面具有不可替代的作用，这对刚成立的之江实验室而言，是不可或缺的部分；而年轻人是最具有创新活力的人群，之江实验室学术委员会主任路甬祥院士曾经对 20 世纪诺贝尔奖得主的创新历程有过系统的研究分析，发现这些大科学家的核心成果大都形成于年轻时期。诺贝尔物理学奖得主布莱恩·施密特曾说过，如果中国真想获得诺贝尔奖，那么能做的最好的事情就是要确保最优秀的年轻科学家——30 岁上下的年轻人——能够从事自己的项目；要资助优秀的年轻科研人员，并给他们从事自己项目的机会，而不是等到 50 岁之后才让他们做这些事情。布莱恩·施密特之所以有此感触，是因为他获得诺贝尔奖的项目，正源于他在 27 岁时就开始从事的一项独立研究。

因此，人才结构的问题要处理的不是一个 0 和 1 的关系，而是辩证和统一的关系。实验室成立初期，既需要借助大专家的资源在科研上"高原造峰"，也要为实验室的长远发展集聚力量；当实验室开始步入自主发展阶段时，就需要大量自主培养的人才发挥作用，此时青年科研人才的重要性就会凸显出来。而且，之江实验的两大研究方向（网络信息和人工智能领域），恰恰需要的就是年轻人的创造力和创新力。

如果将实验室的发展比作一艘航行在科学海洋中的大船的话，大专家就是这艘船的领航员、安全员，负责船的航向和航线，而广大的青年科研人才，便是各司其职的船员，唯有两者相互合作、相互配合，才有可能顺利抵达目的地。所以，对于之江实验室而言，必须走一条融合的人才引进之路，在全世界范围内不拘一格地引进符合实验室发展要求的高端人才，同时不遗余力地引进大量青年科研人才。正所谓不拒众流，方为江海。

引发争议的第二个关键问题是：实验室科研队伍的规模到底多大是合理的？人是最宝贵的财富，任何一个单位都必须有一批对单位有认同感和归属感的员工，人才不应被视为负担，但要坚决避免人事僵化，人浮于事，所以保持一个适当的人员规模就显得尤为重要。于之江实验室而言，这里涉及一个更深层次的问题，即实验室到底应该成为平台型的研究机构还是实体型的研究机构？在这个问题上，实验室更倾向于成为具有独立法人资格的实体型研究机构，同时又兼具平台的能力和特点。对于实体型的研究机构而言，自身的科技人才的规模、结果及质量是衡量实验室综合竞争力的关键性指标，缺少了核心人才，科技创新便成了"无本之木，无源之水"。但同时，科研也有其自身的发展规律，科研活动不能依靠"人海"战术，必须保持适当的规模。

但难点就在于"如何判断科研队伍的规模是否适当"。这当中，其实还是平台与实体的关系如何平衡的问题。在人员配置和人才架构上，一方面要避免把平台效应简单化为统计意义上的资源整合和行政上的资源分配；另一方面要避免因强调实体而大包大揽，忽略平台作用。因此，之江实验室推行"固定+流动"双轨并行的全员聘用制，并借鉴国际先进实验室的弹性人事管理制度，采取固定人员与流动及兼聘人员相结合的方式。这种弹性的人事管理制度，既能保障实验室作为实体研发机构的创新活力和激情，又能发挥平台集聚效应，吸纳更多国际顶尖人才。

绘就人才图谱

对人才的渴望，还体现在实验室对人才工作所做的一系列周密的规划上。在 11 人的务虚会上，我们对最初两个月的工作目标达成了共识：找一批战略科学家帮助谋划重大方向，找一批骨干专家谋划科研条件和设施建设，找一批懂科研规律、科技政策的人才设计实验室的管理制度。

在实验室的初创阶段，之江实验室的人才队伍建设得到了浙江省级部门的鼎力支持，省委组织部不仅选派了一批优秀干部挂职实验室，支援实验室的建设，而且在人才政策上对实验室充分放权，在省"千人计划""万人计划"中设立之江实验室专项，由之江实验室参照相应标准自行组织遴选。

我们围绕实验室自身使命和学科特点制定了人才工作规划，明确了人才的结构层次要求、素质要求，提出了由战略科学家、杰出科学家、骨干科研带头人、优秀青年科技人才以及优秀管理人才构成的人才图谱。在此基础上，又以科研任务需求为导向，设置了包含研究序列、工程序列和管理序列的岗位体系，构建适应大科学研究的人才架构。

实验室根据不同的人才层次设置了不同的引才模式。针对高级人才和科研骨干，实验室专门安排了一位学术功底深厚的副主任逐一筛选材料、逐一面谈；若是重要岗位的候选人，则由实验室主任亲自面谈。同时，又建立了由人事部、科研部、条件保障部等组成的人才工作保障服务体系，形成了高效规范的引才工作机制。

成立初期，实验室工作主要围绕引才开展，为此成立专门的引才工作队伍，负责人才的招聘、审核等事宜；此后，随着实验室的发展，增设人才工作办公室、党委人才工作领导小组以及人力资源委员会，形成了一个职责明晰、层次分明、多维立体的人才管理体系。同时，实验室根据不同的发展阶段，建立起了包含"引、育、用、评"等环节，以及多样化、立体化的人才管理体系。

基于"高原造峰"理念，人工智能、工业互联网、智能机器人、量子传感、超级感知、网络健康大数据项目的领衔专家、核心骨干、基础科研人员的比例，稳定保持在 1：2：7，基本形成顶尖人才、杰出人才、骨干人才、青年人才梯次有序，固定人员和流动人员优势互补的金字塔型多元化人才队伍。

第二节　聚天下英才而用之

之江实验室的目标是打造一批世界一流的学科群，建设一批重大科研装置，汇聚一批世界顶尖的高科技人才，在关键的核心技术里面取得有影响力的成果，另外还要支撑有世界竞争力的智能型产业集群的发展。人是一切发展的基石，如果没有人，再宏伟的蓝图也是空谈。因此，快速汇聚一大批高级人才，既是实验室发展的内涵，也是达成上述目标的核心路径。

一个成立五年的科研机构，凭什么吸引世界一流的人才，将天下英才为我所用？五年来，实验室按照"领域专精、层次高端、梯队有序"的引才原则和高效灵活的聚才方式，以大任务牵引、大平台汇聚，创新实行人才联合引进、双聘双挂等引才政策，多管齐下，快速集聚了一大批一流人才。目前实验室总体人员已超过 3 000 人，其中全职到岗人员超过 1 900 人，高层次人才达 700 余人，流动双聘人员超 1 000 人，初步建立起了一支战斗力强、以年轻一线骨干为主体的科技创新和科研管理队伍。

大任务牵引、大平台汇聚

事业是磁场，吸引汇聚人才。伟大的事业具有强大吸引力、感召力，让天下英才同向汇聚，而志存高远的优秀人才，又往往拥有澎湃的家国情怀、远大的理想抱负，自觉将回报社会与实现人生价值紧密联结在一起。筑好"金丝巢"，方能引得"凤凰"来，其中的逻辑毋庸置疑。

2020 年 3 月，曾在宾夕法尼亚大学、加州理工学院等知名高校有过多年科研工作经验的施钧辉加入之江实验室，牵头生物医学成像领域的项目研究，成为来到之江实验室这个大平台筑巢的"凤凰"之一。

在实验室全方位支持下，施钧辉在很短时间就建立了一支 20 人的科研团队。入职仅一年半，施钧辉便带领团队建成了指标领先的声学实验室，申请了 16 项专利，在《自然》子刊参与发表论文 2 篇。"实验室创新的科研管理体系、极具竞争力的人才政策、充实的科研经费支持和全面的服务保障，以及之江人强烈的家国情怀和科学使命感，让我下定决心回国做科研。"谈起回国加盟之江实验室的初衷，施钧辉认为之江实验室正是那个能给青年科研人员提供干事创业机会的平台。

入职第一天，施钧辉的办公桌上就出现了一打简历。"实验室为每个研究中心都配备了 HRBP（人力资源业务伙伴），平常与项目组一起办公，非常了解我们的用人需求，并能够通过人才地图等多种途径，帮助各研究中心匹配合适的人才。我入职前，我们中心的 HRBP 就已经根据我的科研方向找到了不少候选人。"与此同时，科研立项、采购与后勤服务都在快速同步推进，帮助施钧辉快速建立队伍，打开科研局面。

施钧辉口中的"提供干事创业机会的平台"，便是之江实验室一直在全力打造的"金丝巢"。我们始终坚信，或许实验室难以提供最优厚的薪酬，但事业发展是绝大部分科研人员的首要选择，只要筑好了事业发展之"巢"，就一定能引来干事之才。围绕筑事业之"巢"，之江实验进行了多方位布局。

首先，在硬件上，实验室快速打造了一批大科学装置、重大科技基础设施以及重大基础和应用平台。依托这些平台，实验室很快引进了一大批高端科研团队进入之江实验室开展重要项目。用一贤人则群贤毕至，见贤思齐则蔚然成风，实验室的高层次人才不断汇聚，目前全职引进高层次人才已超过 700 人。"之江实验室有最强的数据和算力资源，为开展人工智能相关研究创造了极好的条件。在这里，我不仅有机会聆听大师级的学术分享，还能跟着一群杰出科学家做项目，研究方向很明确，团队的干劲也很足。"从日本留学归来的玉虓博士说。

其次，在机制上，实验室实施学科对接产业计划，围绕国家重大任务需求和地方产业发展需要，建立以需求为导向、以目标为牵引、以信任为基础的高层次人才引进制度，淡化以往的论文、奖励、职称、称号等标准，不拘一格，广纳四海英才。配套打出特殊学科特殊政策，一事一议、一人一策等吸引人才的组合拳，形成了一个完整的高层次人才引进政策体系。

最后，在保障上，实验室不仅建成了"世界一流、国内领先"的超大办公园区，配备了专业实验室及人文空间，并且持续优化人才休假休养、健康管理和文体配套服务，打造舒心暖心的办公环境。同时，在生活后勤方面，实验室配套了暖心的智慧化餐饮服务、全周无休的通勤往返接驳专线、充足多元的人才住房、内部专属的托育园等资源设施，惠及子女入学等政策，全力打造安心、省心、舒心的生活环境。

事业因人才而兴，人才因事业而聚。无论是回溯历史还是观照现实，干事创业离不开人才，成就伟业更仰赖于大批人才涌现。人才成长也离不开事业所提供的舞台，事业与人才总是相辅相成、相互促进、相得益彰。

双聘引才，尽我所用

智能计算领域的人才大量沉寂在各大高校院所，受到传统体制内的流动制约。如何将这些"沉寂"的人才为我所用？这需要在体制机制上进行创新和改革。之江实验室在以重大任务和重大平台、项目为纽带的基础上，采用双聘、兼聘、互聘、共建联合研究中心等形式，突破人才流动机制障碍，与国内顶尖机构建立了多元灵活的人才共享机制。

通过这种灵活而具弹性的人事管理制度，不仅迅速汇集起一大批国际顶尖人才，而且帮助实验室在很短时间内产出更多创新成果。目前，实验室的流动双聘人员已达 1 000 余人，其中学术带头人就超过 150 人。一大批如三维微纳"光刻"术、新型架构安全芯片领域等取得重大突破和成就的项目，其团队领军人物都是通过"双聘"引进的。

2019 年，实验室与北京航空航天大学合作，开展量子测量领域的研究。通过双聘的形式，来自北航的三个团队正式进入实验室。从那时起，北航的科研人员每周的时间都被分成两半：上半周在北航授课，下半周在杭州做项目。通过这种合作方式，仅仅三年时间，之江实验室在量子传感领域就达到了国际领先的水平。打破传统科研机构用"编制""锁定"科研人员的模式，不拘一格集聚创新要素，推动项目研发，像北航这样的外来团队，之江实验室已经陆续集聚了十多个。

"问渠那得清如许，为有源头活水来。"双聘引才打通了束缚人才流通的渠道。之江实验室利用"一体两核多点"的体制优势，通过不断与国内外优势创新单位开展全方位合作，逐步盘活了"沉淀"在各个领域的高层级人才。其中最典型的，便是与浙江大学的合作。

作为"一体两核"中的"一核"，自谋划筹建之江实验室开始，浙江大学就全方位参与实验室建设，尤其是在实验室的人才队伍建设上倾注全力。实验室成立伊始，浙江大学就全面导入 4 家国家重点实验室，人工智能协同创新中心、脑与脑机融合前沿科学中心等平台和人才资源，进驻式带动之江实验室发展。此外，双方还探索了全职双聘、项目聘用、博士后联合培养等多个层级的人才合作机制。为鼓励浙江大学的科研人才积极参与到之江实验室的建设当中，浙江大学还专门制定了双聘人员的考核制度。

目前，参与之江实验室科研项目的全职、兼职的浙江大学研究人员达 170 余人，以潘云鹤院士为代表的一批浙江大学教授受聘为之江实验室博士后工作站合作导师。"全职双聘加入之江实验室后，我在这边快速组建了 20

余人的全职团队，这里面既有研究人员，也有开发人员。我们定期与浙江大学及相关附属医院开组会，实现人才一体化培养，同时面向重大临床需求，开展联合攻关。"网络健康大数据研究中心主任李劲松教授如是说。

得益于之江实验室在科研立项、项目管理、项目合作等方面的体制机制创新，李劲松团队开展了多中心智能医学信息平台的研发攻关，并与浙大一院、省肿瘤医院、省妇保等三甲医院建立了合作关系，在短短一年多的时间里，研发的电子病历知识图谱及 20 余种数据高效处理与智能分析工具实现一期平台上线应用，为临床研究及决策支持提供了知识基础。

此外，实验室与浙江大学在引进高层次人才方面做了积极的探索。2018 年，实验室与浙江大学以联合引才的方式，聘任 2015 年图灵奖得主惠特菲尔德·迪菲（Whitfield Diffie）教授作为实验室双聘专家。浙江大学还规定：之江实验室所聘的首席科学家、方向带头人、青年研究员，符合条件者可以聘为浙江大学"求是讲席教授""求是特聘学者"和"百人计划研究员"。这种深度融合的人才共享机制，促进了实验室在高层次人才引进方面的发展，推动了实验室的"人才汇聚"和"科研造峰"。

博士后：一支特殊的"后备军"

"得人之要，必广其途以储之。"博士后制度是我国有计划、有目的地培养高层次人才的一项重要制度。对于科研院所而言，要培育自己的科研后备力量，就要充分发挥博士后科研工作站为实验室储备和培养高端青年科研人才的平台作用。

2018 年 10 月，在多方的努力下，之江实验室终于获批设立国家级博士后科研工作站，以联合培养为主。2019 年 6 月，实验室获批具备独立招收博士后研究人员资格，这意味着实验室在博士后培养标准、出站考核指标、研究方向选定等方面拥有了自主权。短短一年时间不到，实验室便实现了从"联合培养"到"独立招收"的跨越，吸引了大批博士后进站，目前签约进站博士后已有 160 多人。发展如此迅捷，除了得益于相关部门的支持帮助外，也与实验室自身对博士后工作的高度重视紧密相关。

为吸引更多有识青年加入，同时更好地激发博士后的创新活力，实验室在博士后制度上进行了一系列的积极探索和创新。实验室实行了以创新质量和实际贡献为导向的博士后评价机制，"在出站考核上不以发表论文为标准，更看重实际的创新贡献"，实验室分管人才工作的负责人介绍说。

实验室不仅为博士后配备了前沿的课题项目、优越的工作条件、友好的工作氛围，还给予了充足的经费保障。"博士后加入实验室后，都会参与到实验室布局的重大科研项目中，承担起核心科研任务。"在经费保障上，实验室为博士后专门开通了青年创新基金项目绿色通道，单个项目最高经费支持高达 200 万元，为获批中国博士后科学基金项目的青年人才提供 1∶1 配套的研究经费支持。

对于这一点，来自中国科学院上海光学精密机械研究所的丁晨良博士对实验室博士后工作深有体会："我一进站，就全面参与到光纤传感等重大项目中，也根据自己的研究兴趣，拟定了《跨尺度硬 X 射线纳米成像技术与系统研究立项书》。"在科研站工作期间，丁晨良接触到许多国内外顶级学术大咖，他甚至还与潘云鹤、房建成等院士，图灵奖得主惠特菲尔德·迪菲教授，以及英国巴斯大学副校长、国际著名光电子学专家乔纳森·克耐特（Jonathan Knight）教授等共同探讨前沿科学问题。"从科学研究的全局观来说，之江实验室创造了很好的条件，让博士后研究能够兼顾深度与广度。"丁晨良说。他不仅参与了重大科研项目，还深入参与了先进微纳加工平台的建设。从之前单纯地做某一细分领域的研究，到现在不断拓宽感知领域的认知与研究，青年博士后在之江实验室收获的科研成长可以说是全方位的。

而建立"双导师"引导机制，无疑是之江实验室在培养博士后方面又一个创新。导师团队中不仅包括国内外院士、国际电气工程师协会会士

（IEEE Fellow）在内的实验室顶级科学家，还包括外聘的知名专家教授。2020 年 4 月，中国科学院院士朱位秋受聘之江实验室博士后指导委员会主任。朱位秋院士是非线性随机动力学与控制领域的国际著名科学家，在科研攻关和人才培养一线耕耘不辍。他的加盟，在传授科研经验，为博士后科研人员指导研究方向，帮助青年科研人员快速成长、早出成果等方面，为博士后科研工作站注入了强大力量。

这些创新举措，为在站内的博士后开展前沿研究提供了自由探索的氛围和全球顶尖的科研指导。从中也可以看出，为青年科研人才创造良好的科研生态环境，以国际视野谋求创新，推动基础研究发展，是之江实验室一直坚持和践行的理念。

第三节　不做第 1 001 个传统科研机构

实事求是地讲，国内科研状况存在一个普遍性问题，就是创新性不够，大部分处在重复模仿、故步自封的状态，所以真正的大科学问题没有提出，大部分工业问题亟待解决。造成这种效率低下的主要原因是：传统科研管理体制下形成的职能型组织结构，机构重叠、队伍臃肿、人浮于事、效率低下。之江实验室始终锚定"高水平科技自立自强的先行区"和"科技体制改革和创新的先导区"的战略定位，坚决不做第 1 001 个传统科研机构。

矩阵式管理：让人才"活"起来

新一轮科技革命已经呈现交叉、融合、渗透、扩散的鲜明特征，新一轮全球人才竞争也主要集中体现在以创新攻关为导向的优质人才资源集聚。传统的科研组织模式，由于条块分割、机构重叠、分散研究，研究院所之间职能定位和分工不同，导致互争资源、自我封闭，缺乏科研创新必要的学科交叉与人才流动，造成严重的科技力量的分散，从而使一些重大的理论问题或关键技术问题很难有所突破。从这个意义上讲，"单打独斗"和"包打天下"全谱系创新的科研模式已不适应大科学时代的科技创新，也不利于科研人员的自身发展。现代科学需要吸引各类人才团队合作，将效率和科研成本优化，尤其是在诸如攻克"卡脖子"技术等重大问题上，需要"大兵团"式的科研攻关。

因此，如何面向国家战略，实现"大兵团"作战的协同攻关，是之江实验室在科研组织模式创新和人才发展体制机制创新上必须首先要解决的难题。实验室研究和借鉴了我国航天系统科研院所的经验，提出对科研人员实行"矩阵式管理"，以任务为导向，以"项目组"和"专业组"为单元，以学科为单位，探索构建矩阵式管理架构，根据项目需要进行人员的内部组合，提高重大项目实施效能。从逻辑上讲，现代矩阵式项目管理模式不仅有职能部门领导的纵向系发挥传统职能管理模式的优点，还叠加了项目式组织的水平结构，出现为完成任务而形成的横向系统。因此，不仅能缩短管理链条，还能提高项目进展效率。

实验室的做法是将每个研究人员在进入之江实验室时就打上一个学术标签，代表其在某个研究方向上的专长。只要项目有需要，个人有精力，就鼓励个人参加多个项目。通过这种跨部门、跨项目的广泛协同，实现人员的横向流动，达到人才资源的高效配置。

另外，为了让实验室人员适应矩阵式管理，实验室依托重大科研任务和重大攻关项目，探索责权利平衡的矩阵式组织管理机制，有计划、有步骤地推进骨干人才在研究中心层面、实验室层面轮岗交流，推动骨干人才全面了解多领域、多岗位的要求，丰富阅历、拓宽视野、提高才能。目前，之江实验室已有多个研究中心开展探索矩阵式管理，规模超过百人的创新团队达 15 个。其中，智能机器人研究中心将 100 余名科研人员分成了总体组、结构组、电控组、感知组、云控组等 5 个小组，根据项目需要，灵活组建团队，开展深海机器人、双足机器人、智能低空载人飞行器等相关研究。

智能网络研究院是探索矩阵式管理的先行者。在实体化运行的前提下，研究院下设综合办公室、工程科技研发部和科学技术研究部，根据业务特征和规律，智能网络研究院在工程科技研发部采用矩阵式管理模式，下设系统集成、软件开发、硬件开发、质量保障等团队，实行项目组与技术组双线管理。按照人员规模与成熟度，技术小组会进一步进行细分。通过矩阵式管理，一方面解放了科研人员的时间和精力，可以让他们专注于科学研究；另一方面也激发了工程研究人员的积极性和创新力，实现了人力资源效率的最大化，真正做到了让合适的人做合适的事。此外，矩阵式管理，在人才培养、共性任务承接以及成果矩阵式管理等方面都发挥了很好的作用。

揭榜挂帅：英雄不问出处

激活人才活力，除了深化人才体制机制改革，聚焦创新攻关，还必须在"聚与用"的精准对接上找问题、寻规律，以高质量发展的实际成果衡量引进培养高素质人才的实际成效。早在 2016 年，习近平总书记就指出，关键核心技术攻关可以搞"揭榜挂帅"，英雄不论出处，谁有本事谁就揭榜。这是对科研活动规律和人才成长规律的准确把握。近年来，从国家到地方，在这方面开展了许多有益的探索，积累了丰富的实践案例。

实验室在这方面也做了积极探索，以对内揭榜和对外揭榜两种方式推出"揭榜挂帅"项目，即针对实验室重大科研任务中的关键核心技术，通过征集需求、发布榜单、公开遴选、择优委托的方式，充分利用内外部优势创新资源开展技术攻关。

一方面，实验室推出重大任务全球"揭榜"的引才策略，设计一批战略性强的重大任务，一旦瞄准了研究方向，确立了科研项目，就在全球范围内寻找这个方向的高水平学术带头人，以强资源配置方式吸引全球顶尖人才及团队全职加盟，同时赋予学术带头人"组阁权"。比如：某项目任务下达后，实验室物色了该领域顶尖专家担任项目负责人，立下"军令状"，选拔了一批实战力强的科研人员组成攻坚专班，昼夜不停地寻求关键技术突破，克服海试艰苦条件，反复进行试验验证，短短数月即取得全面领先国际指标的重大突破。

另一方面，面向实验室内部团队开展"揭榜攻关"行动，充分调动实验室内部的人才积极性。个人或团队可以根据自身的科研意愿或任务要求，向实验室提出"揭榜"需求，经认证评估后，符合"揭榜"条件的项目，以公开遴选、择优委托的方式发布。在此过程中，任何个人或团队都可以"揭榜"，只要满足项目要求，便可以"挂帅"。

"揭榜挂帅"实质上是以重大需求为导向，以解决问题成效为衡量标准。它的好处在于"英雄不问出处"，实现精准引才、持续引才，让合适的人做合适的事。1989 年出生、入职实验室仅 1 年的唐叕，通过"揭榜挂帅"的方式成为实验室某重大项目的学术带头人。如今他正带领着七八个来自不同学科的同事，一同攻关经费超 400 万的项目。"'揭榜挂帅'项目周期原则上不超过 2 年，经费不超过 500 万元，项目经费使用实行'包干制'，我们还是拥有非常大的自由度和决策权的。"唐叕表示，实验室推行的"揭榜挂帅"的举措，真正激活了如他一样的年轻科研人员的活力，把自己的科研兴趣与实验室的方向、任务较好地衔接起来。

第四节　育才：让青年人挑起大梁

得青年者，得未来。习近平总书记说，要造就规模宏大的青年科技人才队伍，把培育国家战略人才力量的政策重心放在青年科技人才上，支持青年人才挑大梁、当主角。这是对青年科研人才发展规律和重要性的深刻把握。

青年科研人才之所以重要，是因为在科研人才中，青年人最具创新激情和创新能力。纵观科学史，重要的科学贡献通常都是科学家在 25—45 岁期间做出来的。根据对 435 位诺贝尔自然科学奖获得者公开数据的统计，获奖成果产生时，年龄在 45 岁及以下的有 354 人，约占总人数的 81%。更重要的是，青年科研人才是我国实现科技自立自强的战略保障。科技要自立自强，关键在于要掌握核心技术，而这很大程度上取决于未来人才主体中自主培养的青年人才的能力和数量。

之江实验室始终将人才培育特别是青年科研人才培养作为实验室建设发展的战略性工程。一方面，在人才培育的体制机制上开拓创新，专门设置了统筹和协调人才培育工作的部门——育才工作办公室；另一方面，还探索建立了青年科研人员成长体系，配套实施以导师制为代表的引领体系，以启航计划、菁英计划、之江书院为核心的培训体系，以及以荣誉、晋升、薪酬为核心的奖励激励体系，形成综合性、体系化的人才培育机制。

登上《自然》的"90后"

青年人在之江实验室"挑大梁"，已经成为一道靓丽而独特的风景。实验室 35 岁以下的科研人员占比高达 78%，一批"80后""90后"成长为国家级项目负责人，不仅厚植可持续发展的人才竞争力，也成为实验室人才队伍建设的一大鲜明特点。

2021 年 3 月 4 日，之江实验室"90后"青年科研人员李国瑞和梁艺鸣分别以第一作者和第二作者在国际顶级期刊《自然》上发表封面文章。该文成为 21 世纪以来第 10 篇由中国大陆科研机构华人科学家发表的《自然》正刊封面文章，在科学界引起轰动。李国瑞的成功，固然是他与团队披荆斩棘、一路"潜行"觅得的成果，但也离不开实验室对他和团队的全方位的科研保障和最大程度的支持。"2018年，之江实验室启动了应急攻关项目，为我们研制的软体机器人赴马里亚纳海沟海试提供了绝佳条件。"李国瑞说。

对于青年人才的培养，实验室摒弃"青年难堪重任"的传统思维，秉持"实践出真知"的理念，始终坚持科研实战育才，以重要科研任务和重大科研项目为育才载体，扩大科研实战平台供给，强化重大任务对人才发展的牵引作用，千方百计让优秀青年人才挑大梁、当主角。

让优秀青年人才打头阵、当先锋，就要敢于交任务、压担子，让他们在关键岗位上和重大项目攻关中经风雨、见世面、壮筋骨，在实践中成才。尤其是对年轻的帅才苗子，就要敢于打破论资排辈，促其快速成长。实验室不仅在重大科研任务中大胆启用年轻科研人员，而且鼓励他们积极在项目中担当重要角色，支持他们参与国家重大科技项目、开展国际合作交流。为此，实验室专门设立了一批结构立体、层次完善的项目与任务，包括旗舰项目、前沿探索性项目、实验室重大任务项目、工程类项目等。在设立项目时，坚持把"国家需要什么"而非"个人想做什么"作为首要原则，要求科研人员首先要讲清楚相关领域国家最需要什么，让科研人员在真实迫切需求中显现"真本事"。只要上述项目或任务实现重大突破、取得优秀成果，经实验室主任办公会认定，均可视同国家级项目，项目负责人及核心骨干在职称评审、职级晋升等方面享受同等待遇。

为鼓励青年人大胆创新，实验室大力营造宽松自由的科研氛围。青年人除了可以直接参与最高水平的科研项目外，还可以组建自己的创新团队，而且不必自己寻找风投，实验室会提供必要的团队、技术、资金等支撑。此外，实验室还通过成立"青年工作委员会"、举办"国际青年人才论坛"等举措，不断凝聚和激发青年科研人才的创新活力。同时，通过整合学术交流平台，打造线上线下相结合的学术品牌活动，营造浓厚的学术交流氛围。通过整合之江讲坛、之江学术报告、之江学术堂、之江沙龙等原有平台，形成之江讲坛·探客对话等层次丰满、各有侧重的论坛讲座体系。在整合内部各类讲座，对线上培训平台进行优化升级的基础上，引进和开发优质培训课程资源，并使之与之江实验室APP打通，以适应全天候、碎片化的学习特点。倡导各研究中心结合科研任务，举办内部学术交流会。发掘、培养有代表性、有影响力的关键意见领袖（KOL），在实验室层面举办学术交流会。逐步将"以邀请讲座为主"开展学术交流的方式变为"以我为主"，引导、强化实验室内部跨中心、跨学科的交流研讨。

如今，实验室青年人才的成长呈现良好的态势，涌现出一批类似李国瑞这样敢想敢干、挑得起担子、经得住考验的年轻骨干。荣获全球高性能计算应用领域最高学术奖项戈登·贝尔奖的科研团队，平均年龄仅34岁。实验室青年科研人员获批国家自然科学青年基金、博士后基金数量和比例均居全国同类科研机构前列。2022年5月3日，在中国共青团建团百年之际，之江实验室智能超算研究中心团队荣获第26届"中国青年五四奖章"集体奖，这是共青团中央、全国青联授予中国优秀青年的最高荣誉。这个年轻的团队，35岁以下成员占比近九成，他们勇闯智能超算"无人区"，在青春的赛道上奋力奔跑，跑出了当代青年的加速度。

"人才自古要养成，放使干霄战风雨。""谁能为国家做贡献就支持谁。"培养青年人才的科研攻关能力不是纸上谈兵，必须要坚持不拘一格用人才，建立以信任为基础的用人机制，大胆用才、破格用才，提供足以与其能力相匹配的重要岗位，赋予其更大的技术路线决定权和资源调度权，围绕重点领域、重要项目，铺好"赛道"、健全"赛制"，助力青年人才"青出于蓝而胜于蓝"。之江实验室一直是这么做的，也将坚持做下去。

实验室 PI 的育人之责

之江实验室的青年人能在项目中成长得如此之快，离不开实验室的一项培养制度，即学术带头人（PI）的育人之责。可以说，在之江实验室，每位中心负责人及学术带头人都是老师，都要担负起新入职员工的导师责任。

一直以来，实验室都注重发挥老一辈科研人员经验丰富、阅历广博的优势，采用"传帮带"的形式，为后来者淬炼信念、传授知识、分享经验，"扶上马、送一程"，让青年人才厚积薄发、崭露头角，形成薪火相传、人才辈出的生动局面。实验室建立了入职导师一对一辅导机制，结合每位新员工的科研方向匹配导师，在科研工作上形成"传帮带"的科研团队建设文化。为了强化青年人才与学术带头人之间的交流互动，实验室通过制度保障，明确学术带头人的团队建设职责。学术带头人需要加强对团队成员的思想引领与科研指导，加强目标管理与团队协作，同时把团队人才培育纳入学术带头人绩效考核指标体系之中。

李太豪是实验室人工智能研究院跨媒体智能研究中心副主任，他在一次线上交流会中分享说："对于一个即将从事科研工作的人来说，实验室最大的优势在于拥有人工智能领域国内外知名专家，而且他们非常愿意帮助年轻人。对于一个年轻人来说，能够接受顶尖专家指导，能够在干中学，这是非常难得的。之江实验室应该是最适合年轻人走向科研的平台。"

智能机器人研究中心工程师沈方岩也高度评价实验室的科研团队精神："之江实验室非常鼓励科研人员进行科研项目的立项和研究，并且为科研人员制定了完善的培养与成长体系。项目进行过程中，大家通力合作，团队氛围融洽。遇到技术难题时，实验室的顶尖专家都会耐心指导，帮助我们解决难题。"

初出茅庐的年轻人蓄势待发，渴求一方施展拳脚的天地，之江实验室的科研团队便是让他们展现抱负的沃土。在科研团队中，有海内外顶尖科学家的引领，有团队伙伴之间的通力合作，既提供了开阔的视野，也传授了宝贵的经验。在精英团队中孵化下一代精英，以全球顶尖的教育资源培育年轻人，这是之江实验室最宝贵的也是最具吸引力的育才理念。

之江书院：育人的重要平台

用历史和长远眼光看，建设之江实验室的意义和作用绝不亚于再造一所大学，而之江书院的成立无疑是这所"大学"的育人之本。2022 年 4 月 15 日，之江书院正式成立，它是实验室为提升全体之江人知识、能力、素质、情怀而打造的分层分类、系统集成的人才培训运行平台。成立当天，首期"启航新人班"也同时开班，80 余位新面孔迎来了初入之江实验室的"第一课"。

启航新人班的作用是扣好之江人的"第一粒扣子"。新之江人来自五湖四海、四面八方，他们有着不同的知识背景、家庭背景和社会背景，如何让这些有着不同背景的新人快速熟悉之江、融入之江、认同之江，并且能够顺利地开启之江职业生涯，"启航新人班"的意义便在于此。根据教学设计，启航新人班开展为期 2—3 周的小班化、全脱产培训，授课的是包括实验室领导、各部门和研究院（中心）的负责人在内的 40 余位老师，聚焦战略视野、之江文化、科研布局、人才队伍建设等学习模块，以线下面授、实训互动、线上交流等方式，讲授共约 80 课时的课程。"这次入职培训日程满满，干货多多，相信通过本次培训，我们可以清晰全面地掌握实验室的基本情况，充分系统地了解各个研究方向的规划布局，快速融入之江实验室的文化环境中，更好地投入到之江实验室建设中，成为有激情、有目标、有勇气有'之江味'的一分子。"智能感知研究院研究专家杭天同学在启航新人班第一期开班仪式上发言道。

管理中青班则是培育实验室优秀管理人才的"助推器"。在实验室党委的统一领导下，管理中青班由育才办牵头组织实施，之江书院负责整体课程体系设计、统筹协调各部门做好实施落地工作，党群工作部负责人员遴选，育才办、党群工作部、纪检监察审计部选派人员组成培训课程组，按照教学模块协同落实资源对接、组织实施等工作。课程面向实验室中层干部、内设机构骨干、党外干部及青年骨干，每年开设 2 期；邀请党校、党政机关、科研机构领导和专业讲师及实验室有关领导、专家授课，组织学员赴红色教育基地、产业园区等现场观摩学习，组织专题论坛，通过撰写学习体会、调研报告等检验学习成效，形成优秀干部人才"选、育、管、用"闭环，系统推进干部队伍梯次培育立体建设。

教育是"学以成人"的具体实践，之江实验室高度重视之江书院的课程体系设计，实验室领导、各部门和研究院（中心）的领导和专家在培训体系谋划、课程开发、培训组织机制设计上都倾注了大量的心血，课程内容覆盖面广、针对性强、深入浅出，给广大学员留下了深刻的印象。"从国家到实验室的科研布局，从论文到专利的撰写技巧，更有 NS 高水平论文发表经验的分享。对于像我这样一名从企业中走出来的技术人员来说，仿佛打开了一扇大门。"交叉创新研究院智能机器人研究中心尹越同学说道。

之江书院在做好"启航新人班""管理中青班"等办学基础上，还致力于扩大精品课程的内外部影响力，自主研发一批理论与实践结合、有助于传播实验室核心文化与学术成果的精品课程，通过远航计划体系面向全员开放授课，发挥文化引领作用；对接省直机关、高校、科研院所、新闻媒体等机构，采用现场授课、在线直播、微视频等方式，形成之江书院公开课体系，发挥传播之江形象与核心价值的重要作用。同时，之江书院将加强建设学术交流特色品牌载体，对接地方优质资源，联合海内外高校及科研院所，共同打造"之江—莫干论剑""之江书院名家讲坛""之江学术咖啡"等特色学术文化交流品牌；邀请科学与人文领域意见领袖或资深专家，围绕科学与人文热点话题展开对话，鼓励启航计划等科研骨干人才发表学术观点，逐步形成系统性、标志性理论成果；联动重要学术组织、专业媒体深度挖掘，建立之江学术品牌专业形象与广泛影响力。

"知情、明目、提能、培根、铸魂"，这五个关键词既是实验室对学员的殷切希望，也充分表达了之江书院的育人之道。"之江书院"的系列培训，让每一位之江人能够系统认知之江，开拓战略视野，强化能力建设，提高专业水准，自觉成为学习、思考、感悟、践行"科学精神，家国情怀"的优秀人才，形成新时代"文以化人，学以成人"的良好氛围和发展生态。

第五节　以实绩论英雄：激发人才创新活力

人才评价是影响人才发展的指挥棒，评价标准科学与否至关重要，直接关乎科研生态环境的质量，直接关乎科技产出和创新效益，直接关乎科研工作的健康程度和可持续发展。长期以来，我国科技人才评价制度饱受诟病，评价标准"一刀切"、人才"帽子"满天飞，指挥棒作用的发挥效应并不理想。如何让科技人才评价机制真正成为引领人才成长的"风向标"，需要有改革的决心与方法，需要一步步地探索与实践。

之江实验室创新人才发展体制机制，在考核评价上以实际贡献论英雄，打破传统科研机构的"铁饭碗"模式，实行全员聘任制，实施关键绩效指标考核制度，在考核标准上突出科研成果质量、价值和影响，不作论文、专利等具体要求。绩效评估结果作为岗位和职级评聘、薪酬待遇调整以及资源配置的重要依据，实行末位10%预警淘汰机制，真正做到了人员能上能下、能进能出。

对之江实验室的科研人员来说，论文和"帽子"都不是压力，唯一的压力就是创新本身。

破"五唯":让"帽子"回归荣誉

长久以来,科研领域的"五唯"(唯论文、唯帽子、唯职称、唯学历、唯奖项)问题比较突出,科研人员为追求指标数量及相关福利待遇,科研浮躁、功利现象层出不穷,扭曲了科研活动的真正目标和价值,对科研创新所带来的危害无须赘言。

早在2018年11月,国家相关部门就出台通知,要求科研院校清理"五唯"顽疾。但因种种原因,"五唯"欲破而难破,其所指向的指标和条件依旧影响着人才的考核评价。

其中,又以"唯帽子"问题反映最为激烈。所谓"帽子",指的是各级各类人才称号,它是在人才计划或项目实施过程中给予人才的入选标识,是对人才阶段性学术成就、贡献和影响力的肯定。事实上,"帽子"本身不是问题,有问题的是"唯帽子"。而"唯帽子"倾向深层次原因是"帽子"带来的学术资源和权力,只有切断人才称号背后的利益链,将学科设置、重点学科评选、科研经费、个人升迁以及学术成果评价等与人才称号脱钩,才能真正破除"唯帽子"的问题。

在对待"帽子"这件事上,实验室也经历了一段历程,从最初"不以'帽子'论英雄",到如今的"让'帽子'回归荣誉本身",虽然在表述上看起来差别并不大,但从中却能看出实验室在如何让科研人员戴好"帽子"这件事上煞费苦心,更可以反映出实验室在探索最大限度地激发人才创新活力的人才评价体系上的不断探索和思考。

不唯"帽子",不是彻底不要"帽子",而是不以"帽子"为衡量人才和科研质量的唯一标准,更不是让"帽子"成为获取科研资源、科研任务的唯一参考。"帽子"是国家有关部门、高校、科研单位对科研人员阶段性的科研能力、水平、成就的肯定,是一种具有荣誉性质的"光荣"

称号，基于这样的理解，实验室大胆创新，突破人才评价的传统模式，让"帽子"回归荣誉本身。我们不排斥"帽子"，但也不唯"帽子"马首是瞻。一方面，我们从人才引进开始，就打破"帽子"的大牌效应，以任务为牵引，问题为导向，不问出身何处，只问在任务中能解决什么问题；另一方面，积极鼓励科研人员申报国家和省部级各类人才计划（项目），但不作为实验室人才评价、项目评审的前置条件和主要依据，除了政府给予的相关奖励外，人才"帽子"与实验室资源配置、定岗定级、晋职晋级和奖励脱钩。

以职称评定为例，很多单位会把论文作为评职称的必备条件，论文不达标，就没有参评的资格。但在之江实验室，则是以项目为导向，主要看对实验室的贡献力和自身的绩效考核情况，论文、获奖情况、专利、学术兼职等只是并列的一个条件，只要满足其中任何一个条件，都可以参加职称的评定。而且，实验室还规定，员工只要年度考核绩效连续两次都得A，便可视为发表论文。可见，实验室在这方面的机制设计是多元和灵活的。实验室北京研究中心的任祖杰便是制度的受益者之一。按照传统的规定，由于他的论文还未达到评定正高职称的要求，没有参评的资格，但在之江实验室，他不仅参加了职称评定，而且还顺利地拿到了正高职称。原因就在于，他在实验室的平台建设方面做出了较大的贡献，并且绩效考评为优，符合实验室职称评定的相关规定。事实上，在实验室里，大家早已达成一个共识："头衔'帽子'、论文发表数量等'颜值'，并非选才用才的唯一标准。相比而言，实验室更注重人才的创新质量、实际贡献等'内涵'。"

理念和认知的转变需要完备的制度作为支撑。在解决破"五唯"的问题上，最大的难点就在于破除旧的标准之后，新的评价标准是什么？任何改革，只有在"破"的同时迅速地"立"起来，才能推动事物的连贯发展。于之江实验室而言，只有尽快建立起新的可操作的人才评价方式和标准，才能真正做到让"帽子"回归荣誉，而不会再一次沦为评价"两张皮"的尴尬境地。实验室坚持以实绩论英雄，以"贡献力"为评价导向，在科研成果认定上，以创新质量、成果前沿性和对国家任务的贡献为主要标准，建立起了一套"以实绩论英雄"的人才评价考核与激励机制。

首先，建立起以"贡献体现价值"的评价导向。科研人员的贡献力是价值导向和目标要求，突出的是创新成果对谁负责、为谁服务，科学技术的工具性必须与其价值属性相结合，才具有强大的生命力。如果缺乏贡献力维度，就失去了创新的动力方向和战略引领，尽管有创新活力、动力，但是成果却偏离了优先发展领域、市场发展所急需和人民对美好生活向往的需求。实验室规定，只要为实验室开创重大研究方向、谋划重大战略任务和科技计划、成功筹建重要平台和装置、高质量完成重大专项等工作并取得突出成效，顺利引进急需紧缺顶尖人才或在管理服务方面做出重要贡献的，经实验室主任办公会议研究通过，都可以认定为重大贡献，给予相关负责人和团队奖励。

其次，在成果的考核中，突出基础研究的创新质量。一是鼓励基础研究向原始创新发力，对面向智能科技前沿或国家战略需求的基础研究给予稳定的经费支持，并设置相对较长的评估周期，把原创性、引领性作为基础研究成果评价的关键标准；二是鼓励发表高质量学术论文，进一步明确重点期刊和会议目录。

最后，突出应用研究的实用价值。既突出专利和软硬件系统的应用价值，也明确实际应用成效和切实解决问题是工程类项目的核心目标。其评价考核将向技术、专利、标准和系统等成果的应用价值倾斜，重点关注技术解决方案的实用性、标准的采纳与实施情况、专利和系统的应用转化情况等方面。

实验室先后制定出台了《之江实验室员工绩效管理办法（2021年修订审议稿）》，对科研人员实行分层分类考核，不对论文、专利等作具体要求，更加注重创新成果的质量、价值和影响，更加强调贯穿全年的绩效沟通辅导，帮助员工持续提升绩效。此外，《之江实验室专业技术职称评审实施办法》《之江实验室岗位序列与职级体系》《之江实验室职级晋升管理办法》等制度均体现了"以实绩论英雄"的价值导向，在破"五唯"的同时立"创新实绩"，将关键绩效指标考核结果作为职称评审、岗位职务评聘以及资源配置的重要依据，形成了一套人才评价激励工作新模式。

末位淘汰机制：打破"铁饭碗"

实验室成立初期，学术委员会主任路甬祥院士曾说过一段意味深长的话，他说："之江实验室未来不能像传统科研院所那样，人员没有流动，否则发展到五年、十年，就没了生命力和创新力，还会沦落到原来的老路上。无论如何，人员一定要流动起来，再优秀的人才都要保持一批人在流动，要形成这样的导向，养成这样的文化，打破'铁饭碗'。"

避免走传统科研院所论资排辈的老路，既是之江实验室的使命和任务，也是实验室成为国家战略科技力量、跻身世界一流实验室序列必须完成的"革命"。成立之初，浙江省领导就对之江实验室的人才建设提出了两个"新"要求，即"人才激励机制要创新"和"考核评价机制要创新"。因此，实验室始终围绕人才激励和考核评价机制进行大胆探索和创新，思考如何在吸引、集聚一批优秀人才的同时，避免只进不出，最后沉淀大量老专家，成为论资排辈的半官僚型学术机构的问题。

得益于"一体两核多点"的先天体制优势，之江实验室很快就找到了解决之道，就是在内部推行关键绩效指标考核制度及淘汰机制。这种考评方式的应用在许多市场化程度较高的企业中已经较为普遍，一些科研机构近些年也逐步推行绩效管理或目标管理，但像之江实验室这样动"真格"，真正将它落实到位的，还为数不多。这当中，需要突破诸多体制机制方面的限制，最核心的就是必须实行全员聘用制，从而打破"铁饭碗"

模式。实验室将员工的绩效结果与绩效奖金、薪酬调整、岗位调整、职级升降、职称评聘、报备员额、评先评优等挂钩，绩效分组织绩效和员工绩效两个部分，组织绩效考评结果与员工绩效考评等级按比例分布挂钩，实现组织发展与个人发展相互影响、相互促进，实现实验室和个人共同发展。

绩效管理分四步：第一步是年初目标设定。每年年初，实验室会根据上级部门的部署和实验室当年的重点工作，对目标进行分解，并与各个部门签订目标责任书。个人则对照部门目标以及个人学习成长的需要进行目标设定。第二步是年中绩效反馈。主管领导与员工一起，就半年度的绩效进行沟通和复盘，一方面是对绩效目标进行过程管理，以确保目标达成，另一方面是对员工事业发展的关怀。第三步是年底绩效考评。实验室设置了多维度的考评方式，有上级对下级的考评、同事间的 360 度的评级、下级对上级的打分，形成了一个立体多维的考评模式，尽可能地让考评结果客观、准确。第四步是绩效结果比例强制分布。绩效结果分为 S、A、B、C、D 五个等级，除 S 不作比例分布外，其余四个等级的比例都进行了强制分布，A 为 20%，B 为 30%，C 为 40%，而 D 为 10%。年度绩效考评结果为 D 者，给予一年绩效改进期、调整岗位（含降低岗位职级）；对严重低于期望者，可予以劝退；连续两年绩效考评结果为 D 者，将根据相关法律法规解除其劳动合同或聘用合同。由此，实验室的人员始终能够保持一定比例的人员流动，形成了竞争的态势，保证了实验室的创新活力。

当然，在具体的执行中，并非一帆风顺，也面临着一些问题。首先是员工的认知问题。传统科研机构虽然也有年终考核，但不作强制分布，更没有淘汰率一说。所以，在推行绩效结果比例强制分布时，实验室的一些员工就会对考评的方式和标准存在一定顾虑。其次是如何平衡实验室不同工种、不同业务之间利益的问题。目前实验里既有工程类的科研项目，又有基础性的科学研究，这两者的目标和发展规律都不同，工程类科研项目把控的是质量和进度，而基础性的科学研究看重的是创新性。再次是如何突破"人情关"，这是执行过程中最需要魄力和勇气的地方。对实验室而言，每一个进入之江实验室的人，都是经过千挑万选的优秀人才，但不管是什么身份，哪怕是"创始元老"，如果不符合实验室的考核标准，都将意味着被淘汰。

实验室成立五年来，每个之江实验室的员工都明白了一个道理：在这里没有"人情"，贡献才是最重要的衡量指标。只有那些真正为实验室开创重大研究方向、谋划重大战略任务和科技计划、成功筹划重要平台和装置、高质量完成各项重大专项等工作并做出重要贡献的人，才符合实验室的核心价值观，才能得到实验室认可。这就是实验室"科学精神，家国情怀"核心价值观的精髓所在。如果不能适应这样的文化，不能适应之江实验室的工作要求和标准，最后都可能会被降级甚至被淘汰。实验室的评价和考核没有停留在纸面、口号上，而是真正做到了以实际贡献论英雄。

如今，在"十四五"规划期间，实验室推出"人才新政"30条，对人才的"引、用、育、评"等各个环节进行了全面梳理，重塑了引才育才的工作体系，加大了引才的力度，强化了育才功能，优化了评价方法，完善了激励政策，系统谋划了实验室人才工作，以改革创新"组合拳"，全方位加强人才引育，努力形成与国家战略科技力量建设相适应的人才工作格局。

"千秋基业，人才为本"，创新的事业呼唤创新的人才，从之江实验室，我们看到了一种"而今迈步从头越"的雄心壮志。

第五章

保障：垒好大发展的基石

科技条件保障能力建设是国家科技创新能力建设的重要组成部分，是实施创新驱动发展战略的基础性工作，是提高国家综合竞争力的基本要素。当前，世界各国特别是西方主要发达国家，把重大科技基础设施和科技条件保障能力建设作为提升科技创新能力的重要载体，作为吸引和集聚世界一流人才的高地，作为知识创新和科技成果转移扩散的发源地，通过加强统筹规划、系统布局、明确定位，围绕国家战略使命进行规模化建设的趋势越来越明显。

与此同时，科技资源高度分散、缺乏整合，科技基础条件保障能力不足，科技资源开放共享服务能力不够等问题，长期以来一直困扰和制约着我国科技创新发展，相对落后的科研基础条件与支撑科技创新能力快速提升之间的矛盾日益凸显。面对世界科技革命和产业变革历史性交汇、抢占未来科学技术制高点的国际竞争日趋激烈的新形势，面对中国经济发展的新常态和加快实施创新驱动发展的新战略，迫切需要面向世界科技前沿、面向经济主战场、面向国家重大需求、面向人民生命健康，加强科技基础条件保障能力建设，推进科技资源开放共享，夯实自主创新的物质技术基础。

之江实验室作为国家战略科技力量，是近年来浙江大力建设的高能级创新平台，重视程度之高、投入之巨、规模之大、资源整合之多，是浙江科技事业发展史上浓墨重彩的一笔。之江实验室应该致力于建设怎样的总部？如何保障重大科研项目的顺利开展？如何为实现科技跨越式发展提供充足、坚实的条件保障？这些问题亟待解决。唯有垒好了发展的基石，之江实验室这座科学大厦才能屹立不倒。

实验室始终坚信，只有解决好科研人员的后顾之忧，才能让他们真正把精力投入科技创新和研发活动中。而要达到这个目的，不仅要在体制机制上为科研人员松绑，保证他们不被无关的事务干扰，更为重要的是，要打造一流科研空间、建设一流大科学装置、基础应用平台等条件保障设施，为科研人员攀登科研高峰架好桥、搭好台。

第一节　南湖畔打下了第一桩

2017 年 9 月，之江实验室在杭州未来科技城内的中国人工智能小镇正式落户。根据发展规划，实验室需要建设一个既功能齐备、环境优美、充满智慧，又未来感十足的园区，为实验室的未来发展提供必要的空间保障。在浙江省、杭州市、余杭区三级联动支持下，实验室快速完成了选址论证、规划设计、奠基开工。2019 年 5 月 9 日，在杭州市余杭区南湖畔，之江实验室园区一期工程顺利打下了第一桩。此后，短短两年时间，实验室克服了包括新型冠状病毒肺炎疫情在内的重重困难，一座座高标准的实验楼以超常规的速度拔地而起，一期工程于 2020 年底建成验收并投入使用，充分体现出了不畏艰难、齐头并进的"之江速度"。

对标世界一流的科学研究中心

之江实验室需要怎样的园区，才能满足科研需要？这是初期很多人心里的疑问。实验室的目标是成为世界级的科研机构，所以在园区的规划方面，对标的也是世界一流科学研究中心的布局和设施。综观世界一流科研机构，充足的科研空间、一大批重大科技基础设施、一大批科研基础平台，这些都是必须具备的条件保障。以美国能源部国家实验室与技术中心为例，它是在美国能源部监管之下的一系列研究设施和实验室系统，共17 处。这一国家实验室系统体现的是国家意志，执行的是长期性的战略科研任务，为美国提供了雄厚的科技实力。其中位于旧金山湾区东北部、加利福尼亚大学伯克利分校后山的劳伦斯伯克利国家实验室,占地81公顷(约1 215亩),阿贡实验室则分别由占地1 500英亩(约9 100亩)的伊利诺伊州—东场和占地900英亩(约5 400亩)的爱达荷州—西场构成。欧洲核子研究中心是世界上最大型的粒子物理学实验室,也是万维网的发源地,机构总部位于瑞士日内瓦接壤法国的边境地区梅汉(Meyrin),风景旖旎,依山(阿尔卑斯山)傍水(日内瓦湖)。除建有粒子加速器等重大基础设施外,还有支持对外开放的科学创新礼堂和用于展览粒子物理学及欧洲核子研究组织历史的粒子物理学博物馆。国内正在建设中的张江实验室,位于上海张江科学城核心区域内,总建筑面积也达到了11万平方米。

上述这些一流的科研机构有两个显著的特征:一是选址集中在科技城和高校附近;二是园区的规模都比较大,有充分的科研空间。作为浙江省高质量发展的主力军,探索新型举国体制浙江路径、支撑浙江省创新产业发展的开路者,之江实验室的选址和园区规模,也应该比照这些一流科研机构的建设经验。更为重要的是,实验室科研布局、科研条件需求、全链条发展体系、人才规模以及必要的配套设施条件建设等,都需要足量的发展空间。同时,重大科技基础设施、科研基础条件平台的建设,更对选址的地质条件、环境条件提出了非常高且复杂的要求。因此,之江实验室结合长三角创新共同体、杭州综合性国家科学中心、城西科创大走廊等发展规划,最终选址于南湖科学中心这一城市地理区位。

对于实验室园区的选址,当中还有过一些曲折和故事。2017年9月,实验室挂牌成立后,在没有自己大楼的情况下,只好利用中国人工智能小镇3万多平方米的楼宇空间,购置相对完善的基础科研软硬件设施(设备),满足起步阶段实验室各科研院(中心)的科研工作需求。在各级政府的关心下,同年10月,实验室新园区选址工作启动。对于新园区到底需要多大的建设面积,一开始所有人都没有具体的把握,有人建议200

亩，有人建议 500 亩。在对标了世界一流国家实验室的建设规模后，最终我们提出了 5 000 亩的建设面积需求。这么大的面积，把杭州市区两级政府给难住了，环顾四周，一个现实的问题是，杭州周边能供给如此大面积土地的区域几乎没有了。经过一系列考察和科学论证，2018 年 5 月 9 日，在南湖、仓前、义桥三个候选地块中，实验室第二次理事会议最终明确了选址于余杭区南湖区位。

南湖区位位于余杭区南湖湖畔西北侧，呈大长方形分布，北面隔环溪路"牵手"南苕溪，东南方向是南湖公园，此处也是杭州城西科创大走廊的核心区域。选址于此，有两个因素：一是实验室所需面积过大，杭州其他地区已无地供腾挪，只有南湖区位有满足条件的空间；二是在杭州都市圈发展新的规划中，明确提出要重点打造城西科创大走廊，而之江实验室无疑应该成为城西科创大走廊上的一颗"定盘星"，以自身的发展，形成极强的辐射能级和带动作用。

在园区整体规划上，实验室同样对标了世界一流科研机构的建设经验，邀请了来自国内及美、德等世界各国顶尖的建筑规划设计单位，按照世界一流、中国风格、浙江特色的要求，高起点、高标准、高水平地进行空间布局规划。园区由 13 栋单体建筑组成，根据功能分东、西区：西区为科研办公区，主要布局行政楼及科研楼，配套建设人工智能研究院、未来网络研究院、智能感知研究院及各领域交叉研究中心等一系列科学装置与平台；东区为生活交流区，主要布局学术交流中心、人才公寓等设施。

同时，实验室通过数字化、智能化规划与建设，融合新一代信息与通信技术，实现园区内及时、互动、整合的信息感知、传递和处理，打造集科研实验、管理办公、交流合作、成果转化、生活居住等功能于一体的综合性科技园区，力争成为未来城市生活的模板和智慧园区、未来社区的新标杆。

500 多天的"之江速度"

科研机构的园区规划建设，绝不像盖普通的办公楼那么简单。短短500 多天，就在原本的荒芜之地拔地而起 60 多万平方米的实验室园区，既充分体现了"集中力量办大事"的优势，也创造了"之江速度"。

园区的建设分两期完成：一期工程总用地 613 亩，建筑面积 61.4 万平方米。重点建设一批基础前沿研究机构、多学科交叉创新研究机构，组建新型大科学装置、应用大平台、核心装备及配套设施，包括人工智能研究院、智能机器人研究中心、网络安全攻防试验场、大数据中心等。二期用地呈 T 型，位于一期用地东西区之间，占地 745 亩，规划建筑面积 135.6 万平方米。重点建设一批大科学装置与核心装备、标准实验室、会展会议中心、国际联合创新中心、访客中心、体育馆、人才社区及生活服务配套等。同时结合发展需要，在主园区之外进行多点布局，拓展实验室空间和辐射范围，建立国家级创新平台，与国内外科研机构合作共建研究中心、科技服务与产业培育平台等。

在园区建设过程中，基建团队在前期做了大量的调研工作，先后赴中国计量科学院、中国科学院苏州纳米技术与纳米仿生研究所、上海科技大学等高校院所，以及华为、腾讯、海康威视等企业园区进行实地调研。在交通规划方面，实验室在倡导园区绿色出行的基础上，按照公交优先、人车分流原则，合理规划市政、绿道及地下三级立体交通体系，在车辆引导、智慧停车、交通疏导、共享出行及车位管理等方面构建动态管理体系，同时进一步探索研究无人驾驶、无人飞行等创新交通元素，拓展未来出行方式。在景观规划方面，园区充分融合周围自然景观资源，结合园区丰富水系，形成以湿地景观为主的园林景观体系，对应南侧三大入口，打造三条景观轴线，与山水湿地自然景观形成丰富对比；利用绿色生态通廊区分和连接园区内的"一核三区"板块，利用海绵城市理念调蓄园区水体，利用乡土树种形成特色园林景观，打造集生态、美观、人性为主的现代园林式实验室。在绿色节能方面，园区以绿色建筑、清洁能源为核心，利用先进智慧节能控制系统，整合园区内空气资源、水资源及电、热能源体系，科学规划节能设施，做到所有资源循环利用。

园区的建设始终以科研需要为主导，力求把科学家的想法变为现实的科研设施和科研平台。仅就智能感知领域来说，围绕"视、听、嗅、味、触"五感感知需求，智能传感器基础研发平台配备了电子显微镜、薄膜沉积设备、微电子印刷设备、色谱质谱仪等一系列精密实验设备，为先进纳米材料、印刷电子技术、生化传感技术、可穿戴技术、仿生传感技术等提供基础研发条件。这是一个跨学科和多功能的研发平台，将从机理、材料到器件，全面提升智能传感器的性能，推动先进机器人、智能制造、健康医疗、环境监测等领域的发展。

值得一提的是，园区还投入超 10 亿元资金，建设了计算与数据中心，为人工智能和网络信息相关研究提供最有力的信息基础设施保障。

除科研设施外，实验室根据不同部分、不同人群的需求，在生活保障方面安排了相关专项建设，包括书吧、餐厅、展厅、健身中心等，特别是实验室还积极统筹各类人才公寓，为每一位人才提供全方位的住房保障和优质的生活体验。实验室园区规划高级人才社区、人才房、短租公寓等，并配有教育、医疗、商业等完善的生活配套设施，满足实验室全职、流动科研人员的生活需要和灵活便捷的科研需求。2022 年 6 月，之江实验室"方中智海"科学家村正式启用。"方中"，意为世界；"智海"，意为智慧之海。这是林语堂曾描述的他心目中理想的大学，"应是一班不凡人格的吃饭所，这里碰见一位牛顿，那里碰见一位佛罗特，东屋住了一位罗素，西屋住了一位拉斯基，前院是惠定宇的书房，后院是戴东原的住房"。贤才荟萃，垦荒科技之沃土；思想云集，探索宇宙之未来；起坐之间，搅动智海之翻涌。人才公寓的陆续建成，使得之江实验室职住一体、配套完善的人才安居保障体系逐渐成形。

实验室园区在建设过程中，克服了许多困难。一方面，园区建设初始恰好遇上了新型冠状病毒肺炎疫情暴发，施工团队想尽办法，克服人员短缺、物流中断等不利因素，千方百计保证施工进度；另一方面，一些特殊设备需要预先考虑防微振、气体专用管道、有害物处理、专用动力间等问题，其复杂程度、专业程度之高，都要求基建团队与科研人员、设计方、施工方反复进行沟通和协商，彼此间进行紧密配合，确保不出差错。

此外，为了减少设计缺陷、二次施工，有效提升工程品质，实验室园区整体建设采用全过程 BIM 的实施方案，利用信息技术和数字模型，对建筑物进行可视化展示、协调、模拟、优化，提前在设计环节解决施工中碰撞的问题，并推进实施项目设计、施工、运营全生命周期的信息化管理，最终取得了良好的效果。

500 多天里，实验室条件保障部的同事，几乎每个人都日夜扑在工地上。正是在这种超常规的建设进度下，2021 年底，南湖总部一期正式投入使用，短短两年时间，就实现了全体员工入驻。

建设"1+4+n"的智慧园区

通过信息化手段服务科研创新是之江实验室的又一大亮点。实验室利用自身独特的人工智能技术优势，围绕"人本、智慧、生态"的目标，大力推动智慧园区建设。从 2018 年智慧园区概念的提出，经过几十次的会议讨论，直至 2021 年，最终确定智慧园区的整体架构，即"1+4+n"体系。"1"是指以一个云平台为园区大脑；"4"是指以物联网中台、数据中台、业务中台和 AI 中台四个技术平台为支撑；"n"是指在此基础上延伸出的智慧应用，包括之江精灵、员工画像、协同平台、会议预定、会议注册、园区大脑、数据驾驶舱、访客管理、无感考勤、节能助手、人员综合信息管理、统一身份认证、之江 APP、IT 工单、一键智控、智慧投屏等等。实验室以"人本化、生态化、数字化"为建设理念，实现了综合安防、便捷通行、能效管理、高效办公等智慧应用场景。到2021年底，随着南湖新园区一期全部人员顺利搬迁入驻，智慧园区也基本成型。

随着智慧园区建设的不断推进，实验室以支撑战略发展需要为核心，成功构建起新型基础设施支撑、智能数字底座驱动、多元智慧场景应用、新型安全网络保障的信息化体系。比如：实验室建设计算与数据中心等新型基础设施，搭建一体化智能数字底座平台，利用平台聚合数据要素赋能上层应用开发；建设科研服务、装置共享、情报服务等平台，充分挖掘沉睡数据对于科研管理决策的支撑效用，建设未来实验室；打通信息资源共享渠道，构建多业务协同管理系统，行政服务事项"线上办"实现率达95%、"跑零次"实现率达90%；迭代"园区大脑"和"之江精灵"等智慧应用，推动信息技术与园区服务深度融合，实现园区智慧运营；建设集约共享的计算存储资源池，保障实验室需求之余，面向社会提供高端计算资源；加强数据安全管理和网络安全应急处置能力，打造具有之江特色的网络安全防御体系。

实验室积极探索信息化、智慧化手段在行政服务上的新模式、新应用，实现了无纸化办公，充分利用技术手段统一实验室数据标准和口径，利用数据中台，更好地分析和改进工作。面向未来实验室建设，搭建的信息化系统（共49个系统，其中自主研发17个系统），每月能够支撑1.5万单业务线上办理，全面赋能科研管理。上线OA主页，建设线上办事大厅，结合无纸化工程推进线上办事大厅流程优化，通过简化审批流程、强化信息化赋能，实现缩短工作流程或审批时间50%以上。

智慧园区的建设从最初的一无所有，到后来的技术架构，再到现在的"之江精灵"，还在不断优化、迭代。智慧园区的建设既是实验室人工智能技术的一个重大应用场景，也是一个重大产业培育项目，它将南湖总部建设成为功能完备、数字智慧、生态集约的科学研究综合试验场、成果转化应用示范基地和未来社区模板，增强对南湖科学中心等周边科创地带的溢出效应，成为杭州城西科创大走廊的核心创新高地。

第二节　大科学装置：科之大者

大科学装置（重大科技基础设施）是指为探索未知世界、发现自然规律、实现技术变革提供极限研究手段的大型复杂科学研究系统，是突破科学前沿、解决经济社会发展和国家安全重大科技问题的物质技术基础。大科学装置既不同于一般科学仪器及装备，也有别于基建项目，具有以下四个特点：一是科学技术意义重大，影响面广且长远，建设规模和耗资巨大，建设时间长；二是技术综合复杂，需要在建设中研制大量非标设备，具有工程与研制的双重性；三是其产出是科学知识和技术成果，而不是直接的经济效益，建成后要通过长时间稳定运行、不断发展和持续性科学活动，才能实现预定的科学技术目标；四是从立项、建设到利用的全过程，都表现出很强的开放性、国际化的特色。

可以说，大科学装置是科技强国之重器，是保障国家经济发展、国家安全和社会进步必不可少的科技基础设施，是建立强大国际竞争力的国家大型科研基地的重要条件，是高水平科研成果的"孵化器"，是高层次科技人才的"蓄水池"，亦是高技术产业持续发展的"动力源"。之江实验室要成为世界一流的科研创新中心，就必须下最大决心和力气建设一批独特的科研装置，这既是形成一流科研成果的必备条件，也是吸引最优秀人才的基本条件。

大科学时代需要大科学装置

科学研究对仪器设备的依赖是逐步发展的。从放大镜、显微镜等简单扩展人的观察能力的小仪器设备到电子显微镜等大型仪器设备，再到重大科技基础设施，这一过程是科学发展的必经道路。世界科技强国都把重大科技基础设施的规划、设计、建设和运行放在科技发展战略至关重要的位置。

当前，新一轮科技革命和产业变革正加速酝酿，科技创新范式发生重大变革，在历经实验科学、理论科学、计算科学之后，数据密集型科学成为科学研究的第四种范式。在新趋势下，多学科动态交叉与技术群发式突破相互叠加，基础研究、技术创新与成果应用高度耦合，重大科学发现和技术突破日益依赖于大型复杂的基础设施和实验设备，重大工程牵引体系性创新和产学研用一体化的特征越来越明显。现代科学研究的复杂性、交叉性、融合性日益增强，对仪器设备的依赖程度越来越高，特别是在前沿技术引领、颠覆性技术突破等方面尤为突出。功能强大的重大科技基础设施，已成为重大原创科技成果产出和关键核心技术突破的重要条件。纵观百年来诺贝尔物理学奖成果，1950 年前由大科学装置产出的成果只有 1 项，1970 年后占比则超过了 40%，1990 年后占比更是高达 48%。而今，独特的科研装置已成为高水平科研机构的标配，任何一个世界先进的实验室都配备有独特的大型科研装置，而且取得了瞩目的成果。

我们可以来看一下世界知名科研机构在大型科研装置方面取得的成就：中国科学院建设的 500 米口径球面射电望远镜（FAST）发现了 132 颗优质的脉冲星候选体，其中有 93 颗已被确认为新发现的脉冲星；美国布鲁克海文国家实验室（BNL）建设的相对论重离子对撞机（RHIC）发现了第一个反物质超核，探测到了迄今人类所知最重的反物质；美国西北太平洋国家实验室（PNNL）建设的激光干涉引力波天文台（LIGO）探测到了十三亿光年外双黑洞合并产生的引力波信号，引领了"多信使"天文学的新纪元；欧洲核子研究中心（CERN）建设的欧洲大型强子对撞机（LHC）证实了希格斯玻色子的存在，升级后发现了夸克奇异重子和五种夸克的味变集合体；美国托马斯·杰斐逊国家加速器实验室建设的连续电子束加速器装置（CEBAF）首次实现了 GlueX 粒子物理实验，产生了中性 π 和 η 两种介子，并发现了这两种介子的形成机制。

此外，大科学装置也是高技术产业持续发展的"动力源"，装置建设是一项投入巨大的工程，其研发、建造、运行的全生命周期伴随着大量的经济活动，不仅能推动产业的发展，而且能产生新的产业。大科学装置也是高层次科技人才的"蓄水池"，重大科技基础设施不仅能够吸引世界各地的科研人员前来开展合作研究，还能在装置的建设使用过程中，培养和造就一大批顶尖科学家和优秀青年科技人才，具有强大的人才集聚和培养能力。

在建设世界科技强国的新时代，我国经济实力已跃上新台阶，重大科技基础设施必然迎来一个新的发展机遇，也必将成为提升国家创新能力、获得重大科学发现、支撑我国科技事业发展的"核心引擎"。《国家重大科技基础设施建设中长期规划（2012—2030 年）》提出："到 2030 年，基本建成布局完整、技术先进、运行高效、支撑有力的重大科技基础设施体系。""欲善其事，先利其器。"之江实验室作为科学高峰的攀登者，必须遵循科学发展规律，建设支撑重大科学发现的大科学装置，这是必由之路。

倾力锻造科学重器

国家实验室和其他一般研究机构的区别，是一定要有唯一性的大科学装置，这个大科学装置代表着国家水平和国家能力。大科学装置本身就是一个系统工程，既有技术问题，又有理论问题，还有工程问题。大科学装置是加快提升研究能力最基础的保障，是排在第一的要素。

对此，之江实验室围绕重大科研布局，聚焦智能计算、工控信息安全、极限精密测量、超级智能感知等领域，联合中国科学院、浙江大学等优秀力量，全力打造科技创新国之重器。

2022 年 2 月，浙江省委书记袁家军考察之江实验室时指出，之江实验室的大科学装置建设已经形成了清晰的思路，围绕国家战略、之江定位谋篇布局，坚持差异化、体系化、唯一性建设原则，建设战略性、平台型、开放性装置设施，启动一批，筹备一批，稳步推进。目前，实验室共规划、建设了四项大科学装置：

1. 智能计算数字反应堆基础设施。"数字反应堆"是一个基于智能计算的全新科学装置，在智能化数字反应堆引擎推动下，为不同计算任务调度最优计算资源，适配最佳计算方法，形成最优结果，为我国科学发现、社会治理、数字经济发展提供新方法、新工具、新手段。

当前，计算和智能已成为科学研究的重要范式，极大提升科学研究的效率。因此，实验室以算力设施与智能平台为底座，以数据、算法、模型与知识为基础，打造公共知识库、领域知识库，构建运行管理、协同计算、知识构建、模拟推演、数据处理、人机交互六大引擎，建设智能计算数字反应堆。

具体而言，数字反应堆融合异构计算、类脑计算、生物计算等先进计算技术，建设智能计算硬件系统；融合广域异构协同操作系统、天枢人工智能开放平台等，建设智能计算软件系统；建设计算社会学、计算生物学等一批计算科学学科领域的数字反应釜，以智能计算催化支撑科学研究、社会治理、国家安全、数字经济等领域的数字化裂变和聚变，为经济社会高质量发展提供源源不断的新能量和新动力。

为支撑智能计算数字反应堆，实验室规划了充足的算力设施。位于实验室南湖总部的计算数据中心是目前国内科研机构中规模最大、等级最高的算力中心之一。数字反应堆还将聚合智能超算、智算集群，类脑计算、图计算等算力资源，部署广域协同算力平台和超算互联网算力平台，协同整合算力可达 10 EFlops。

2021 年 10 月 30 日，之江实验室举行智能计算数字反应堆启动会，联合 10 余家科研机构共建这一重大科学装置。"数字反应堆最重要的'燃料'是数据，最重要的'引擎'是人工智能，人工智能很重要的基础是知识。之江实验室智能计算数字反应堆，把数据和知识以最快的速度聚集起来，促进跨学科、多行业、多模态数据产生聚变式与裂变式应用，将成为新一代人工智能的重要基础设施。"中国工程院院士、之江实验室人工智能领域首席科学家潘云鹤在现场点评时说。

目前，实验室依托数字反应堆资源，联合国家天文台、中国水稻研究所、上海大学等创新机构和高校，面向材料、天文、制药、育种、基因等国家重大战略领域，启动了一批重点攻关项目，全面赋能相关领域的科研创新和产业发展。未来，智能计算数字反应堆还将不断地迭代升级，面向更多的科学前沿和战略应用领域，提供相关服务。可以说，之江实验室打造智能计算数字反应堆的初心，是让计算回归其本义，即目标问题求解。基于数字反应堆，形成泛在可取、便捷服务的智慧之源，构建可持续发展的智能计算创新生态、应用生态和产业生态。

2. 新一代工业控制系统信息安全大型实验装置。新一代工业控制系统是新一代人工智能技术、新一代信息通信技术与新一代工业制造技术深度融合的工业控制系统，是现代工业装置与制造过程的"神经中枢"、运行中心和安全屏障。

近年来，工业控制系统安全攻击事件频发：2010 年 11 月，伊朗"震网"（Stuxnet）病毒导致核计划被迫推迟；2015 年 12 月，乌克兰电网事件导致全国一片混乱；2019 年 3 月，委内瑞拉吉里水电站遭到攻击，导致 18 州大停电。新一代工业控制系统在开放、智能、互联趋势下，已成为各种势力攻击、破坏和实施网络战的首要目标，其综合信息安全面临重大挑战。

为此，之江实验室计划建设一个大规模、通用化、高拟合的新一代工业控制系统信息安全大型实验装置，实现强实时复杂业务场景的工业控制系统高交互数字孪生动态模型与平行运行机制的研究，为前瞻性、多样性、复杂性以及非常规安全攻击和防御提供先进研究和实验设施。该装置支持三个联合装置的实物/半实物/平行/虚拟等高拟合度的工业控制系统联合动态试验。

2019 年 6 月 28 日，新一代工业控制系统信息安全大型实验装置正式在之江实验室立项。在立项过程中，之江实验室与浙江大学等科研机构紧密合作，完成了从基础理论模型到建设、管控、运维等系列设计。2021年 2 月，工业互联网信息安全大科学装置在新园区开工。这一大科学装置占据一整座独立建筑，集成之江实验室研发的新型内生安全设备，为工业互联网安全技术提供一个虚实结合的试验环境，可以开展高度拟真的攻防演练，反复锤炼、检验工业互联网安全领域的创新成果。

3. 跨尺度量子态超精密测量与观测装置。跨尺度（原子→分子→微纳固态→生物组织）量子态超精密测量与观测装置将构建跨尺度量子态制备平台、跨尺度量子态操控平台、多物理量极限测量与物理过程精细观测应用平台等世界领先的技术平台，为解决电偶极矩（EDM）测量、CPT验证、量子惯性导航、高端医疗装备等重大科学技术问题提供支撑，不仅涉及科学前沿，更涉及国计民生与国家安全问题。其中，"极弱磁场重大科技基础设施"列入之江实验室"十四五"规划，重点开展原子系综磁光操控、近零磁空间磁屏蔽、高精度光电信号检测等技术攻关，突破原有测量手段灵敏度极限，实现国际领先的超高灵敏极弱磁场与惯性测量。

4. 多维智能感知中枢科技基础设施。多维智能感知中枢科技基础设施面向新型人工智能国家重大需求和世界传感科学前沿研究，围绕类人五感感知、"感·知"一体化与超人五感极限感知三个科学问题，计划建成感知领域跨学科、软硬协同、标测结合的多维智能感知中枢，解决国家在传感器领域的"卡脖子"问题，支撑引领新型智能传感器的发展，满足重大产业需求，服务国家重大战略需要。围绕这一目标，实验室计划建设多维联合仿真设计平台、智能传感器先进制造平台、感存算一体化集成平台、类人五感测试装置群、多维智能感知计算与知识库五大平台，以探索类人视、听、触、嗅、味五感感知机理，构建高灵敏传感器和多维融合计算模型，实现对复杂环境的智能"感·知"；探索多维信号的稀疏表达机理，构建高效的感存算一体化的端侧处理模型与架构，实现广域泛在的分布式感知；探索阵列式计算增强感知机制，构建密集特异性视、听、触、嗅、味五感传感器阵列，实现类人感知的新极限。

从构想到落地，一个大科学装置往往需要十几年甚至更长时间，之江实验室成立仅五年时间，就以惊人的速度陆续启动建设多个大科学装置。这四项大科学装置，开启了实验室"四足鼎立"的时代，为实验室实现重大科研成果的产出、成为世界顶尖科研机构的目标提供了坚实的保障。"之江实验室不做第 1 001 个传统科研机构，而是要做高校做不了、企业又不会去做的事，要承担能解决国家战略所需和'卡脖子'问题的科研任务。这些大科学装置就是我们的底气。"

第三节　基础应用，双翼齐飞

科技基础条件平台是指开展科学研究、技术开发和科技成果转化与应用所必需的分析化验设备、大型科学仪器、试验装置、科技数据资源等，是创新体系的重要组成部分。众所周知，科技创新是在一定的知识积累和必要的物质条件基础上进行的，活跃的创新活动需要一个社会化科技资料库和相关科技设施的支持。科技基础条件平台的建设将改变科技资源的独占模式，使分散在各行业科研院所、各个地区和高等院校里的科技资源和科技基础设施融合起来，实现社会化服务，从而加速新知识和新技术的产生、扩散和应用。

之江实验室以人工智能为主要研究方向，涉及智能计算、智能感知、智能网络、智能系统等不同领域，不仅涉及计算机科学，而且还涉及脑科学、神经生理学、心理学、语言学、认知（思维）科学、行为科学和数学以及信息论、控制论和系统论等学科。为了更好地推进不同交叉学科的融合发展，整合共性优势科研资源，放大科研成果效应，实验室根据实际需要，布局建设了一批基础条件平台，有力支撑了重大科研任务的开展。

高能级基础科研平台

为打造国家战略科技力量，产出重大科研成果，必须建设一批高能级的科研平台。之江实验室在发展规划中，重点布局了七个基础科研平台：

1. 微纳加工平台。建设以硅基工艺为主、以异质集成为特色的 6 英寸微纳加工平台，建设集微纳加工、封装和测试能力于一体的特色工艺线，建成 7 000 平方米以上专业平台。在提供全面硅基微纳器件加工服务基础上，具备先进化合物半导体材料生长及器件制备能力。

2. 材料实验平台。建设材料制备实验室和材料表征实验室；建设高通量材料计算模拟软件与大规模材料数据库；提供感知材料制备合成以及成分、结构、形貌、物性表征等服务；支撑开展柔性传感材料、可穿戴材料、仿生传感材料等新型感知材料的制备工艺与表征技术的研发，推动人工智能技术和新材料研发有机融合。

3. 声学实验平台。建设总面积达 400 平方米的全消声室、半消声室、混响室以及听音室；建设国内先进的声学研究测试平台，自主研发智能语音交互设备声学测试系统、传声器灵敏度及相位校准系统、空气声学探测系统等声学测试系统，提供国内一流的专业技术支持与服务。

4. 高通量纳米光刻与成像实验平台。面向无掩模光刻模板、智能传感、硅光芯片等领域所需的三维、复杂、大面积特征的微纳加工需求，建设国际首个纳米级高通量纳米加工测试与成像装置，为解决相关重大科学问题和瓶颈技术难题提供国际一流的三维激光直写技术服务。

5. 超长基线激光干涉精密测量装置。建设具有超长基线（公里量级）、超高精度（皮米量级）的远距离激光干涉极限测量装置，为引力波探测、地球自转角速度和地震信号的高精度测量等国家战略项目提供实验设施及分析服务。

6. 智能机器人测试评估平台。建设具有全国影响力的智能机器人测试评估平台，能够开展智能机器人的智力测评、安全测评以及智能机器人产品的质量检测。制定智能机器人测试评估国家和行业标准体系，建立5 000平方米以上的专业实验室，取得智能机器人测试评估资质，为产业发展输出检测评估能力，建设面向国内外开放的智能机器人竞赛场，为行业提供测试评估服务。

7. 全维可定义网络研究实验平台。构建由全维可定义网络报文转发与处理设备、网络智能控制系统等构成的全维可定义接入及骨干试验网络；搭建具有全局资源调度与试验管控功能的综合管控系统；建设车联网无线通信与安全测试场；搭建以智慧电网、智能制造为典型应用的工业互联网仿真测试环境，为新一代车联网通信、新型移动边缘计算、车路协同仿真测试、典型工业互联网场景仿真测试、大规模交通系统推演与管控等研究提供基础支撑。

产学研用协同的开放平台

"创新、协调、绿色、开放、共享"，这是新时代的五大发展理念。作为高水平、高品质的科研机构，开放的平台和工具是必不可少的。基于自身目标定位和未来愿景的考虑，之江实验室除了花大力气建设基础科研平台，还立足打造智能科学与技术领域的科研工具链，延伸科技创新链，以完善功能、优化性能和开放共享为目标，按照"外引内联、共建共享"

的原则，深化与高校、科研院所和领域优势企业合作，建立健全高效的建设推进机制和产学研用协同的开放平台运行机制，依托开放平台，拓展对外交流合作与社会服务，集聚一批创新生态伙伴，提升平台能级和影响力，为公共科研、数字治理等创新活动提供技术平台支撑。目前主要建成了以下四个开放平台：

1. 天枢人工智能开源开放平台。开源开放，是全球人工智能学界和产业界的共识。Google 的 TensorFlow，Facebook 的 PyTorch 等深度学习框架，通过建立开源社区，构建了强大的人工智能研发和应用生态。近年来，国内各大企业纷纷加大了对开源开放平台的投入力度，如百度推出了飞桨，旷视开源了天元，标志着中国 AI 框架从应用驱动向更内核的技术研究进发。为此，之江实验室也积极推进开源创新工作，建设了自主研发的一站式人工智能开源开放平台，突破模型并行、重组等关键技术，探索去中心化架构，研发自动并行、"端边云"按需协作的大规模分布式计算框架；面向认知计算等新型 AI 技术，构建支持百亿参数级超大规模深度模型分布式训练、跨模态语义融合、大规模图网络计算和知识图谱存储的新型平台；建设"技术生态社区"和开源代码托管平台，支撑人工智能核心技术创新，赋能相关智能产业发展。

天枢平台有四大核心优势：自研高性能核心计算框架、一站式全功能 AI 开发套件、AI 模型集成和"端边云"自由部署和智能化协同运行。天枢平台的自研高性能计算框架是该平台的首要核心优势，具备完整的并行模式、自动编排与执行、高运行效率和强稳定性等特点。"计算框架就像是建筑的地基，'天枢'的高性能核心计算框架能为开发者提供强力且稳定的支撑。"天枢平台架构师单海军博士说。以人脸识别为例，天枢平台支持数据并行、模型并行和混合并行，目前已在安防领域成功实现了千万级人脸识别模型训练，而且资源使用率优于现有开源框架的平均水平。

对人工智能开发者而言，天枢提供的开发平台拥有一站式全功能 AI

开发套件和领先的 AI 模型集成，这将大大提升人工智能技术的研发效率。"有了金刚钻，才能揽瓷器活，'天枢'的 AI 开发套件和 AI 模型集成就像是先进完备的建筑设计工具，开发者可以基于 AI 开发套件进行模型构建，也可以调用平台上已有的 AI 模型进行二次开发。"目前，天枢平台上 AI 开发套件中的自动数据标注及处理、模型构建、自动机器学习、模型加工、一键部署等功能，可以让"AI 小白"快速上手，实现一站式算法模型开发，极大提高构建效率；智能视觉分析模型的集合，不仅涵盖了图像分类、目标检测、超分辨等多种类别的模型样例，更在视频语义分割、视频行为识别等方向拥有独特的前沿视频算法。

值得一提的是，天枢平台在智能视觉领域的生态规划充分考虑了浙江省数字安防产业发展的现实需求。为此，天枢平台将提供更大规模、更高性能和更高效率的底层训练框架，支撑浙江省数字安防产业发展。此外，天枢平台所提供的模型炼知技术，让算法"七十二变"成为可能。在部署环节上，天枢平台可以根据开发者的需要，支持"端边云"设备上任务的自由部署，运行时支持智能分配和有效协同，实现 AI 模型的高效运行。人工智能开源平台是整个 AI 技术体系的核心，上承算法应用，下接底层硬件。"我们将开展面向人工智能的软硬件协同优化技术研究，解决平台适配性能瓶颈问题，从根本上提升平台的计算效率。"实验室负责人说。

2019 年 11 月 2 日，实验室自主研发并真正能够做到开源开放的"天枢人工智能开源开放平台"正式对外发布。天枢计算平台"超大模型训练加速比"测算优于 TensorFlow、Pytorch 等主流计算平台，拥有编译器自动编排并行模式和流水线、独立的去中心化协议、类 VLIW 静态调度、流式执行引擎等四大特点。2020 年 8 月，天枢人工智能开源开放平台 1.0 版本正式上线并对外服务，该平台汇聚了 66 家行业生态伙伴，聚码坊社区会员达到 670 余家，并成功入选 2020 年世界互联网大会领先科技成果。

2021 年，之江天枢人工智能开源开放平台 2.0 正式上线，主要性能指标与主流开源框架相比提升了 20%，并行度提高了 3 倍。依托该平台，实验室已在六大产业领域，与 500 多家高校和企业建立起密切生态伙伴关系。短短三年间，实验室实现了平台的建设、发布与优化，展现了真正的"之江速度"，为未来一大批优秀的科研成果奠定了坚实的基础。

2. 自主智能系统云脑开放平台。面向未知复杂场景下机器人自主作业和决策需要，构建"端边云"一体化的自主智能系统云脑平台。构建智能系统自主决策云计算平台，能够覆盖典型的机器人工作场景、机器人型号和操作任务，并为机器人领域开发者提供接口；建立支撑机器智能的知识库与知识图谱，完成"云脑+终端"实验验证；实现机器人在未知复杂场景下自主决策控制，助力开发者研发机器人产品及应用，推动智能机器人产业发展。目前已完成新型机器人计算系统建设，完成支撑机器人在不同场景下实现自主任务规划，并在全局行人感知、模型轻量化、稠密3D 场景重建等关键技术上实现突破。

3. 广域协同智能计算开放平台。建设广域协同智能计算开放平台，构建"端边云"多域融合的广域协同智能计算操作系统。突破"端边云"协同、资源封装与服务、计算数据与算法智能适配、广域计算资源智能调度、计算架构自组织自演化等关键技术，最大限度释放高性能计算、云计算、边缘计算和端计算等广域分布计算资源，实现万亿级各类异构设备高速互联、融合协同，支撑数字经济时代重大科研成果涌现。

4. 数据可视化与数字孪生开放平台。突破多元大数据处理流程优化、跨平台协同执行、海量动态异构数据知识计算、跨媒体推理和可视化智能分析等关键技术，建设面向各类大数据交互分析应用场景的高性能可视化开放平台，建设海量动态图数据的高效可视分析系统，实现亿级规模对象的建模分析、P 级数据的高效处理、亿级规模知识图谱的构建，支撑大数据智能科研发展和产业创新。

天枢人工智能开源开放平台、自主智能系统云脑开放平台、微纳加工平台、水声探测平台等一批重要的科研平台的建成与投入使用，形成了之江实验室十分重要的科研能力，在实验室的科研进展中起到了重要的推动作用，相关成果在世界互联网大会、长三角一体化创新成果展等发布展示，促进了实验室科研影响力和认可度的提升。之江实验室的科研基础和应用平台正在以欣欣向荣之势迅猛发展，为未来的科研进展奠定了坚实的基础。

第四节　资源保障的"之江模式"

秉持立足浙江、面向全国的原则，之江实验室与各级政府、科研机构、企业广泛合作对接，拓展、建设了一张遍布全国的创新基地网。实验室采取政府提供优惠政策和办公条件、实验室承担科研与人力成本等方式，在科技和人才优势集聚地谋划建设创新飞地；采取经费共投、人员共派、成果共享等形式，与优势科研单位合作建设联合研究院；采取企业出资、实验室出智、成果共享等形式，与创新龙头企业建立联合研发中心；采取地方政府出资建设、实验室入驻等方式，在具备特殊实验条件、广阔试验空间和特色产业优势的区域，合作建设科研试验基地、成果转化基地和产业创新基地。

在这张遍布全国的实验室创新基地网的支撑下，之江实验室致力于解决如何保障实验室的可持续发展，实现多元的资金投入的问题；解决如何保障实验室赢得外部资源的支撑，实现国家资源、省市资源、企业资源的有效整合利用的问题。由此，之江实验室展示了富有特色的"之江样本"。

"自我造血"的保障体系

充足的经费是高水平科研机构的必要保障。以国内外先进科研机构年度运行经费为例，美国国立卫生研究院（NIH）年度运行经费高达 390 亿美元，美国国际高级研究计划局（DARPA）年度运行经费达到 35 亿美元，中国科学院年度运行经费为 77.2 亿美元。国内外知名高校基金会规模也非常高，哈佛大学达到 300 亿美元，清华大学也有 15 亿美元。由此可见，之江实验室要打造国际一流的实验室，同样需要充足的经费支持。

自实验室成立以来，浙江省级财政投入是实验室创建初期的主要科研经费来源。作为前沿性基础性公益性的研究机构，以稳定的财政支持作为经费保障的来源是必要的，但是，单一依靠政府拨款，长此以往便容易滋生"等靠要"思想，进而逐步丧失竞争力和活力。之江实验室想以世界一流的科研创新中心为目标，必须树立竞争意识，打造持续"自我造血"的经费保障体系。为此，之江实验室创新体制机制，构建起以中央与省级财政投入保障科研工作与基本运行、地方政府投入保障基本建设、社会资本投入支持科学研究与成果转化的经费保障体系。特别是在"自我造血"方面，充分发挥之江实验室科技控股有限公司在吸纳社会投入和推动成果转化上的关键作用，为实验室发展争取更多资源投入。同时，实验室积极吸引多元资本投入，发挥之江发展基金会的阵地作用，组建"之江前沿技术研发基金"，探索形成捐赠、联合研发、产业孵化等多种社会资本投入的"之江模式"。

随着实验室发展步入正轨，科研实力日益增强，重大突破性成果和应用性成果逐步显现，实验室拓宽了国家竞争性经费和社会资本等多元投入来源，多元化、网络化的合作生态逐步建立，形成了省财政、竞争性国家科研经费和社会资本共同投入的良好经费结构和良性循环模式。

截至目前，实验室共自主设立科研项目 60 多项，项目总经费 26.85

亿元；通过竞争形式争取科技部、工信部、发改委等国家项目52项，获得科研经费9.12亿元；吸引一批龙头企业深度参与实验室科研攻关与成果转化，累计吸引社会资本投入基础研发和成果转化经费17.6亿元。除了稳定、可持续的经费保障，合理用钱也是确保经费充裕的重要一环。用钱就要用在刀刃上，实验室一直坚持"项目需要什么就保障什么"的原则，按照量入为出、收支平衡、保障重点、讲求绩效的原则，科学测算经费投入需求，挖掘资源投入的"源头活水"，合理安排经费使用，保障总经费持续稳定增长，有效支撑实验室大体量、超高速稳步发展，为建设国家实验室打下了坚实的基础。

实验室坚持放权松绑，深化经费"放管服"改革，建立了以预算额度授权、全过程财务服务与规范管理以及全覆盖严格内审为核心的科研经费管理机制，实施内部项目预算额度授权和全覆盖同步审计，大大缩短了预算周期、减少了资金浪费、完善了风险防控，让科研人员不必为经费犯愁、不必为预算头痛、不必为合规担忧。主要措施有五点：一是扩大科研人员经费使用自主权。以充分信任科研人员为前提，出台《科研项目经费"包干制"管理办法》，把实验室自设项目中的开放课题、青年基金、软课题项目、探索项目、揭榜挂帅类项目纳入经费包干制范围，制定《之江实验室重大科研项目经费管理办法（试行）》，立项阶段不再对科研项目经费预算进行评审，根据项目实施需求预拨相应额度，并根据项目进展和经费需求灵活配置项目经费。二是简化预算编制。修订《自设科研项目经费管理办法》，将预算科目精简为设备费、业务费、劳务费三大类，除50万元以上的设备费外，其他费用只需提供基本测算说明。三是下放预算调剂权。除设备费外的其他费用调剂权，总额不变且300万元以内的预算调整，全部下放给项目负责人。四是提高外拨经费的间接费用比例。间接费用按照直接费用扣除设备购置费后的一定比例核定。五是强化科研经费全过程管理。把任务进展情况、资金执行进度和资金拨付关联起来，进一步加强外拨资金、结余资金管理，强化约束，防范风险。

在"有钱用""用好钱"的基础上，实验室还积极推动实现"钱好用"。作为全国科研和事业单位"电子票据电子化报销、入账、归档"试点单位，充分发挥实验室的信息化优势，以具体业务为驱动，积极推进线上审批、线上流转、联审联办，实现了业务流程和会计处理的自动化、电子化，有效提升财务工作效率。

内外联动，盘活资源

正如浙江省委书记袁家军指出的那样："之江实验室打造国家战略科技力量，一定是平台型、枢纽型、开放型三型一体，形成科技领域重要的战略枢纽，整合提升相关资源。"如何有效整合资源、形成体系性优势、发挥示范引领作用，一直是之江实验室积极探索的课题。

实验室积极对接科技部、发改委、工信部、网信办等国家有关部委，争取国家层面的支持。科技部、人社部等部委领导专程来调研，对实验室的探索给予了充分的肯定与鼓励。在省领导的指导下，实验室分别与中国联通集团、中国电子科技集团、下一代互联网国家工程中心签订了合作共建"之江—联通联合创新研究中心"、"天地一体化技术创新中心"和"下一代互联网研究中心"。

实验室主动对接重点企业和相关研究单位，争取合作资源。2020年5月，实验室成立发展合作委员会，积极与央企、省属国企、上市公司、科技公司、金融机构展开一系列项目合作，在"重大合作"的牵引下，实现了近15亿的签约额。例如，实验室与安恒、新华三集团、中控、大华等企业开展对接合作，就工业互联网安全平台、物联网领域大生态及数据中心、智能视觉研发中心等达成合作意向，拓展了实验室未来发展的空间；与中国电信洽谈共建中国电信—之江联合创新研究中心，打造高能级的协同创新平台，共同开发运营"科技大脑+未来实验室"，联合开展智能计算、智能物联、异构算力调度、云网融合、网络安全等方面的关键技术研究。

实验室还以重大项目为纽带，实现了全方位的资源汇聚。以智能计算为例，在智能计算数字反应堆算力设施的建设上，实验室谋划与无锡超算所、上海燧原科技、华为等合作，研发新型计算，推动实验室实现算力跃升；与中科曙光、富通等合作，整合外部算力资源；整合中国移动、中国电信、中国联通等数据资源，实现科研、社会治理、银行、通信等行业的广泛应用。此外，实验室还选择数字反应堆的重点领域，聚焦专业领域企业与机构，打造领域知识库，支撑数字反应堆引擎开发；通过与龙头企业合作、"人才+科研+转化"一体化合作等方式，推动智能计算数字反应堆落地应用，引领产业发展。

要想前路有梦，则需后顾无忧。重大科学装置、基础和应用科研平台、科研基础支撑设施、智慧化的高标准科技园区，以及安全、合理、高效的资金保障和资源保障，一大批与国家战略科技力量相匹配的基础条件保障初步形成。这些设备、空间和资源将成为未来战略新兴产业发展的沃土，为高水平、高质量的理论与应用研究奠定强有力的物质基础。

第六章

共植果树，共享硕果

社会经济的快速发展离不开新兴科学技术的智慧支撑，科研项目的成果转化率是国家实现创新驱动发展，落实"科学技术是第一生产力"，进而激活社会生产内驱力、推动创新创业的关键。正如习近平总书记指出的那样："实施创新驱动发展战略是一个系统工程。科技成果只有同国家需要、人民要求、市场需求相结合，完成从科学研究、实验开发、推广应用的三级跳，才能真正实现创新价值，实现创新驱动发展。"因此，加速科研成果的转化"变现"，加速实现重大科研成果的全社会共享，不仅有利于科研水平的整体提升，更是在国家社会经济发展的整体层面上具有关键的战略性价值。

2016年，国务院印发了《实施〈中华人民共和国促进科技成果转化法〉若干规定》，对科技成果转化提出了更为明确的政策导向与操作措施，强调应打通科技与经济结合的通道，促进大众创业、万众创新，鼓励研究开发机构、高等院校、企业等创新主体及科技人员转移转化科技成果，推进经济提质增效升级。2020年，党的十九届五中全会上通过的《中共中央关于制定国民经济和社会发展第十四个五年规划和二〇三五年远景目标的建议》则进一步提出"加强知识产权保护，大幅提高科技成果转移转化成效"的宏观策略，科研成果转化、加快产研对接的顶层指南与政策措施渐趋完善。

之江实验室作为承接国家任务、打造国家战略科技力量的新型研发机构，如何实现科研成果的有效转化与社会共享，是实验室在自主发展建设、培育科研团队"造血"能力过程中，必须思考的题中之义。

但科创环节与商业效益、社会应用领域中间，仍存在一定程度的模糊地带与鸿沟：如何平衡基础研究与成果转化之间的关系？如何平衡服务国家任务、支撑地方产业发展、助力市场经济发展之间的关系？如何实现在实验室合作体系中各创新主体的协同、创新合力的形成、成果转化效能的提高？如何撬动更多的社会资本为我所用，加速多维合作？这也成为当下许多新型研发机构可持续发展的"阿喀琉斯之踵"。

之江实验室积极面向这一时代命题，迎难而上，以实际行动回应了学术成果的转化难题。自 2017 年成立以来，之江实验室以国家重大科研任务为导向，以地方社会经济发展需求为准绳，在夯实自身科研基石、实现重大科研成果突破、探索自主发展道路的同时，一直致力于实验室内部学术生态的积极建构，不断发掘科研成果社会化共享的新路径、新机制，从而打开了实验室产研有效接续、外围良性共生的全新发展空间，并初步形成了科技成果有效转化与社会共享的"之江样板"。

第一节　走向"四链融合"

"创新链、产业链、人才链、资本链"四链深度协同，是当前推动创新驱动的重要组织模式。之江实验室整体科研实力的提升优化，不仅有赖于优秀科研成果持续产出、科研团队发展壮大、科研体制渐趋完善等硬性科研指标，还有赖于和谐有序、竞争向上、创新友好等软性文化指标。

从"摘取果子"到"共植果树"

2007 年，时任中国科学院院长路甬祥在中国科学院《关于科学理念的宣言》的新闻发布会上强调了关于建设和谐学术生态的重要性，提出了"和谐的学术生态建设是和谐社会建设的重要组成部分"等主张，并从价值观念、规章制度、科研体制、社会监督等方面，为我国学术生态的建设提出了建设性意见。而健康学术生态与产研接续良性循环的形成，不仅需要科创团队内部克难攻坚与思维转型，更需要社会多维合力的参与和凝聚，共同栽培产研一体的"果树"。

在接触社会需求、开展对外政企合作的初期，之江实验室就开始思考科研成果转化体系建设的理论基石，并通过实践的反复打磨，形成了"共植果树、共享硕果"的合作准则，以期逐步实现实验室产研接续机制从"摘取果子"到"共植果树"的实质性跨越。

在既往的对外合作机制中，与之江实验室类似的科创团队往往仅将视野聚焦于专业化的科研成果，聚焦于生成科创合作的技术"果实"。而合作企业在科研人员研究项目成熟后，多直接购买项目成果用于转化，即"摘取果子"。这一产研接续相对割裂的传统模式，往往会导致一系列的后续问题，如项目成果与实际需求存在部分错位，经济效益与知识版权分配产生矛盾等。我们在推动外部合作的既往经验中认识到，在科研成果转化过程中，充分前置同合作对象的磨合阶段，构建利益共同体，是企业从"摘取果子"到与我们"共植果树"的关键机制，这种机制将给实验室项目转化带来无限潜力。之江实验室正是以此策略，成功开拓出了成果转化的创新路径，建立起创新链、资本链、产业链、人才链"四链融合"的成果转化流程。

"共植果树"的产研合作理论，是指有效结合企业家和科研工作者的资源力量，形成产研一体的利益共同体，将科研项目对外合作的磨合阶段充分前置的一种合作模式或思维模型。在"共植果树"的运营模式下，科研团队与企业家各自为独立的参与主体，并不存在绝对的主导者，产研转化的双方将尽可能充分发挥自身特色，加速产业链与创新链的深度耦合。企业家有企业家的考量，学术界有学术界的优势，"共植果树"理论的实质，是在良好协商的基础上，让产研接续链条的两端各司其职，从而实现转化率的最大化。

从"单枪匹马"到"合作共赢"

之江实验室成立之初，因为所拥有的科创成果较少，很多重点科创项目尚处于起步阶段，更多关注如何在短时间内针对市场需求完成转化任务，完成赋能地方经济的目标，所对接的高新企业或社会资本仅限于提供资金支持和信息支持，与科研创新的互嵌互渗相对欠缺。为此，站在国家战略的科研高度上，以守正创新为精神内核，秉持开放协同、互利互惠理念，实验室主动出击，密切结合国家战略需求和浙江省发展实际，寻找产研转化一体道路上的"共植果树"伙伴。实验室不断摆脱传统合作创新机制的限制，围绕实验室科研布局的重点方向、重点领域，有针对性地发掘契合实验室自身发展规划的政企合作对象，构建有组织性、有国家战略意义的合作网络。在企业层面，实验室尤为注重瞄准浙江省本土的重要企业、行业龙头企业，围绕智能计算等科研主业开展重大技术突破与产研合作；在政府单位与社会团体层面，积极开拓多维度、多层次、多领域的合作空间，不断增强实验室的社会影响力和品牌效应。

此外，之江实验室在建设"共植果树"的共生体系的同时，仍不忘走出单纯的产研一体的合作阵地，不忘联合充满科创活力与技术前沿因素的国内外高校。实验室外围共生体系的建设，尤为注重合作主体、对象、投入因素的多样化，在产研对接的现实基础上，力主尽可能充分发掘科研合作的多元渠道，充分拓展科研团队合作的对外"朋友圈"，通过与国内外知名高校、科研院所及相关企业的"多点"协同，增强创新力量。自2017年以来，实验室科研管理团队积极与国内外高校合作，不断拓展、丰富相关科研合作的要素与方式，积极营造国际化氛围。目前，实验室的国际合作与国内外高校联合现已渐入佳境，并迈出了实质性步伐。

智能计算领域是之江实验室的金字招牌，在这一棵科创"果树"的成长过程中，实验室的创新实践并非单枪匹马。除了政企因素的积极介入，实验室更是借助自己在优势科研领域的技术因素与学术影响，围绕智能计算方向，与国内多个优势科研单位共建了一批联合研究中心，形成了重点领域、重点科创方向的紧密型创新协同体：2021 年 4 月，与中国科学院计算所合作共建先进计算机研究中心；2021 年 12 月，与华中科技大学签署战略合作协议，合作建设图计算联合研究中心；2022 年 1 月，与清华大学合作共建的光电智能计算联合研究中心正式揭牌……以"智能计算"为科创之种，这一系列的高校合作步伐，不仅有效夯实了实验室自身在智能计算领域的学术基石，开拓了重点领域的学术视域，更是体现出"共植果树"外围合作理念的有效性、科学性。在奠定智能计算的核心技术的基础上，围绕数字反应堆，实验室与上海大学、中国水稻研究所、中国科学院东北地理与农业生态研究所、中国科学院国家天文台建立紧密型联合团队，逐步开展了计算赋能的材料、育种、制药、天文、基因、社会等方面的前沿科学研究。

从"国家舞台"到"国际舞台"

正如习近平总书记所言："科学技术具有世界性、时代性，是人类共同的财富。要统筹发展和安全，以全球视野谋划和推动创新，积极融入全球创新网络，聚焦气候变化、人类健康等问题，加强同各国科研人员的联合研发。"因此，构建健康良性的科研合作生态，不仅是之江实验室提升自身发展潜力、实现内部科创价值的必由之路，更是立足现有经济形态与国际形势的战略性考量。之江实验室在构建国内外科研合作生态方面，肩负着推动发展多元化科研模式的时代使命，正以自身顶尖的技术核心与广阔的交流视域，在国际舞台上不断伸出"之江橄榄枝"，发出属于中国科创团队的专业声音。

一直以来，之江实验室始终将合作生态建设视作工作体系的重中之重。"合作生态建设是提高实验室承接和解决国家重大战略任务能力"，鼓励实验室的同仁们不断发掘国内外优秀的合作资源，积极构建可持续性发展的科研共生圈，尤其应当注重与高校、国际科研组织等的合作。2019年，实验室与俄罗斯圣光机大学、乌克兰国立基辅大学、英国巴斯大学在智能视觉传感技术、全光交换物联网等领域建立了合作关系；2020年，之江实验室与英国莱斯特大学、瑞士苏黎世联邦理工学院、德国慕尼黑工业大学，以及英国剑桥大学、日本东京大学、法国南巴黎电信学院等在人工智能、智能视觉传感技术、城市大数据和城市计算等领域达成了合作关系；2021年，实验室与《科学》/美国科学促进会（AAAS）和香港中文大学在智能计算、智能感知、智能机器人、智能网络、金融科技等领域展开联合研究、人才交流等方面的合作；这几年，实验室先后与清华大学、复旦大学、华中科技大学等国内高校开展科研合作。

上述高水平、高层次科研合作的步伐，为打造之江实验室一流创新的良好科研生态提供了重要的契机与平台。在资源配置上，积极配合有条件的研究院（中心），充分利用海归资源，牵头召开座谈会，采取推荐人才、策划国际学术会议、引荐国际组织和协会、建设国际科研基地等形式，培育国际合作的机遇。

在实验室重点发展的智能计算领域，为汇聚智能计算领域最新学术研究成果及技术突破，推动智能计算科学与技术的进步。一方面，实验室发布开放课题。已面向全球开发者发布两批天枢生态开放课题，收到57份申请，13个项目立项，4个项目已进入验收期，另外，天枢平台已集聚超500家行业生态伙伴。另一方面，实验室投入力量发展国际化的学术刊物，搭建国际化的学术平台。比如举办智能计算创新论坛、数字标准化国际论坛、全球人工智能大赛、工业互联网内生安全防御国际精英挑战赛等国际会议和赛事，活动影响力持续走强，智能计算创新论坛累计吸引1.7万人次线上参会。另外，实验室已协同美国科学促进会联合举办了智能计算创新论坛，推动创办了全球首个智能计算领域科学伙伴期刊《智能计算》（*Intelligent Computing*），并成立了期刊编辑部，同时组织了 3 场智能计算系列学术报告，建立起超过 5 600 人的相关领域全球高被引专家数据库。

之江实验室在拓展国际合作的过程中，还注重之江品牌文化的国际化输出与影响实效。通过世界互联网大会、第二届之江杯全球人工智能大赛、国际青年人才论坛、2021 年视觉与学习青年学者研讨会（VALSE 2021）等重大国际性会议与活动，向世界积极展示了实验室丰富的科研成果与科创文化，向全球优秀的科研工作者彰显"科学无边界、创新无边界、人才无边界、合作无边界"的科研生态体系的主张。各项活动均获得了广泛的参与和高强度的媒体宣传报道，极大地提升了实验室在国内外的科技影响力，有效地吸引了更多优秀的国际合作资源同实验室开展平等对话、信息共享与通力合作。

此外，在实验室外事工作委员会的主导下，围绕实验室的科创重心——智能计算，实验室在现有对外合作联络点的基础上，在全球范围内寻求具有单点优势的合作单位，为长期的国际合作对接建立国际研发分中心、发起国际大科学计划做好必要的预研与对接联络工作，充分显示出了实验室内部在外围合作共生体系建设中的科学担当与管理智慧。

未来，之江实验室将秉持精准合作、合力共赢和合作向善的理念，遴选优质合作伙伴，最大化发挥借势借力效果，建立长期共赢的伙伴式合作关系，共同创造最大价值，并共同围绕增进人类福祉开展国际合作，推动智能向善。对此，实验室将继续强化国际合作的思路与举措：

一是扩大科技朋友圈，提升科技话语权。实施包括生物计算国际合作计划、计算天文国际合作计划，以及依托大科学计划或装置发布各类联合研究项目；做强智能计算等领域理论前沿阵地，以《智能计算》期刊为基础，提升智能计算论坛等学术活动影响力；建立国际学会、科学联盟、国际标准化组织，推动智能计算国家技术标准创新基地国际化建设；增强科技圈信息推广渠道铺设，着力构建"天枢"平台等开放平台的全球用户生态，依托《科学》/《自然》合作、天枢平台等，提升全球人工智能大赛等赛事的国际参与度；在确保安全的前提下，面向全球合作伙伴开放数字反应堆等部分科研装置和平台，实现多方科研和实验数据互联互享，推动集成式科研创新成果产出；设立全球开放科学基金，建设跨语种学术交流平台，共同开展面向全球挑战的科学研究，构建开放基金和基金会的联动体系，形成科学合理的捐赠投入和资助机制。

二是"走出去"和"引进来"相结合。设立海外工作站，塑造海外科研工作站和海外引才点有机互动的体系化优势；提前谋划国家交流正常化后的海外访问计划，创新线上国际交流机制；和国际科技媒体、国家对外宣传机构及平台深化合作，建立属于自己的国际宣传矩阵；实施项目引才，设立暑期实习、科研夏令营、博士后工作站等项目；在之江书院增设外籍客座教授授课模块，引入境外教育资源，培养实验室员工全球化视野；完善访问学者招引与过程服务机制等。

三是服务国家、国际合作战略，共建科技共同体、接入政府间合作框架，承接框架内科技合作项目，例如，输出实验室在智慧大脑、数字政府等领域的技术积累，融入国家产业帮扶战略，参与国家在部分发展中国家的数字政府援建等项目；联合具有海外业务的国企、央企，共建联合实验室、国际联合研发中心等，做大做强省人工智能国际科技合作基地，积极申报认定更多国家级科技合作基地；围绕碳中和、农业育种等方向建设国际技术转移及跨境孵化服务平台等，推动创新成果在国际转化，例如，通过农业技术示范中心，推广计算育种等成熟技术在非洲等地的本土化改良和应用；与国际知名企业建立技术或产品供应关系，推动实验室成果转移转化公司成为合作伙伴的正式供应商；围绕未来发展、粮食安全、能源安全、人类健康、气候变化等全球议题，举办国际科技治理论坛，推动科学共同体建设；与金砖国家的重点高校、科研机构展开合作，提供实验室在金砖国家网络大学联盟成员中的影响力；等等。

第二节　跨越"死亡谷"

科技成果转化的"死亡谷"现象，是一个世界范围内普遍存在的问题，于 1989 年由美国航空航天局（NASA）提出，并于 2005 年进一步细化了转化风险的等级、技术特征及投资倾向，共分为 1—9 级：技术成熟度 1—3 级的项目，大多属于国家资助的基础研究项目，科创成果的战略性价值较高，但市场收效往往相对长期；企业为了降低投资风险，大多选择资助 7—9 级的、市场效益回报较快的科创成果；而处于评估体系中间段，即 4—6 级的基础研究成果，一方面既难以获得国家层面科创研究支持，另一方面也为收益导向的企业一方所忽略，从而极易造成研究资源链断裂。因此，一个相对成熟的科创技术项目，从基础研究到成果转化，中间往往存在一个"死亡谷"（4—6 级），多数成果可能在迈向市场的途中止步于 3 级，无法转化为真正有效的生产力——即使该项成果已申请专利，但也往往被束之高阁，从而造成科研资源的巨大浪费。据中国专利局统计的数据显示，截至 2020 年，中国现有的 80% 的高校专利转化率在 10% 以下，远低于发达国家的 40%。由此观之，若要实现我国科创生态产学研协同创新的良性循环，就必须打破市场需求侧与理论研究侧的"孤岛"现象，基础研究向产业转移转化亟须加速填平或越过这个"死亡谷"。

如何跨越科研转化的"死亡谷"，之江实验室在搭建平台、完善制度、健全服务、优化环境上下功夫，通过一系列机制创新，以"政企双轮"驱动，打造出一个坚实的创新平台，为基础性研究提供强力支持，对科技资源进行合理配置，以充沛的资金支撑科技成果转化。

助力数字政务改革

作为浙江省高新技术力量的高地，之江实验室立足省级政务赋能的战略高位，充分利用这一政府性合作共赢的创新契机，以数字化政务改革为辐射基点，持续性开展服务浙江的专项行动，自觉响应浙江经济高质量发展需求，从而有效达成了科研团队经济效应与社会价值的双重实现。

2021 年初，浙江省政府数字化改革推进全面启动，加速建构省域政务治理体系和治理能力现代化。在浙江省政府数字化改革的复杂系统进程中，数字赋能、机制重构的专业化技术任务自然落到了之江实验室科研团队的肩上。

在现有数字化政务改革专组的基础上，之江实验室充分响应省级部门的发展需求与目标，以高标准融入、支撑、赋能浙江省数字化改革，贯彻落实全省数字化改革大会的精神，设计更为智能的应用场景，全力推进在数字政府、数字经济、数字社会等领域的技术输出，主动对接浙江省数字化改革的各牵头部门，聚焦智能数据平台建设、经济运行态势分析和模拟推演、科技大脑与未来实验室建设、智能社会治理示范区和数字社会，充分实现科研核心技术在社会服务层面的正向效益，以理论创新、技术革新和应用创新推动浙江数字化改革纵深发展。

在数字化改革的物理基础层面，之江实验室发挥自身技术优势，提供了数字化改革的技术工具与平台。截至 2021 年底，之江实验室在省级政府部门的支持配合下，发布了 48 个人工智能算法库和大数据软件工具包，成功构建"未来实验室"，有效建设经济运行态势分析与模拟推演平台、人口治理大数据开放平台等数字化改革的创新模型。

在数字化改革应用层面，之江实验室以数字化改革场景为依托，积极为省、市、县、区等各级政府提供数字化改革方案，尤其是在自然语言处理、知识图谱的应用以及基层治理领域，在各个层级实现了数字化改革落地场景的建设。

在省级政府层面，之江实验室已为省委办、省政府办、省信访局、省发改委、省公安厅、省政法委等多个部门提供在自然语言处理、知识图谱、多维算法模型等智能算法应用场景解决方案，对于海量文本数据的语义理解、聚类分析、标签分类、相似度判定、风险识别等智能处理提供全方面的赋能。

在市级层面，之江实验室与全省各地市展开积极交流与合作，赋能各地市数字化改革。比如与绍兴市政府就全市层面的"城市大脑"与"区域经济大脑"开展全方面合作，积极赋能绍兴市"网络大城市"的建设；为金华市大数据局一体化智能化公共数据平台提供智能化模块建设，包括智能要素超市和各类算法建设。

在区县级层面，之江实验室与杭州市余杭区、钱塘区等多个区展开积极合作，为区级数字化改革提供技术和赋能。比如余杭区的文本辅助决策系统、人房企知识图谱系统、地址标准化统一等算法系统赋能；与温州乐清（县级）市展开积极探讨，以数据局、公安局等算法平台及算法应用为切入口，有望形成乐清市级层面的整体数字化改革赋能合作，提升政府部门基层管理的智能化水平。

之江实验室也在纵深条线积极发力数字化改革，比如邮政条线。目前之江实验室针对邮政管理业务一直存在着行业监管力量不足与点多面广的监管任务之间的矛盾（监管需求），以及三项制度存隐患、快递业务不规范难监管等问题的监管痛点（行业问题），利用数字化改革，构建跨部门、网格化、数字化、动态化的快递行业监管体系，通过多方视频数据，利用先进 AI 算法为快递监管进行数字赋能，对应实名登记、开箱验视、过机安检三大场景，对系统自动预警的监管信息进行及时甄别，根据问题性质分别进行处置。

在浙江省智能社会治理的开展过程中，实验室以数字化改革基础平台为依托，成功搭建了国家智能社会实验室基地数字化平台，并制定基地建设指标体系及考核方案。在介入省级数字化改革的同时，实验室充分发挥自身的专业化、学术化优势，持续输出数字化标准与理论成果，有效归纳数字化改革在技术因素层面的"浙江样本"，以响应发展智慧政务、提升政府部门现代化治理水平的时代呼声。

为此，实验室发布了《"未来工厂"建设导则》《数字贸易术语》等团体标准与准则，结合具体实践，编写了《浙江省数字政府建设实录（2021年版）》等重大理论成果，并从专业化的视角，完成了《浙江省数字化项目指南》《浙江省数据要素市场化配置试点实施方案》等数字化改革的发展蓝图与建设性策略，为浙江省数字化政务体系的后续优化提供了充足的学术积淀与经验素材。

赋能地方经济高质量发展，是之江实验室科研成果转化的工作主线。浙江省政务数字化改革的智慧支撑，仅仅是之江实验室发掘本土需求、发掘浙江产业化新动力的一个微缩侧面。在政府层面的支持推动下，从浙江省产业转型升级急迫需要和长远需求出发，之江实验室利用实验室在智能计算、智能机器人、智能感知、数据智能等领域的科研成果积累，孵化出了一批成功转化核心技术、以国家战略目的为发展导向的高新科技型企业，并不断助力战略新兴产业和未来产业集群的培育。例如，在实验室智慧支持下，首个数字健康成果转化基地现已落地未来科技城数字健康小镇。实验室主动、深度参与浙江省内高水平研究平台建设，如杭州城西科创大走廊建设与综合性国家科学中心、浙江省新型实验室体系等的建设，为省内其他地市科创布局提供一定的智慧支持。与此同时，之江实验室还积极利用前沿技术，为浙江省的重大活动、重大赛事提供必要的智慧支持与安全保障。例如面对高级别国际赛事——杭州2022年第19届亚运会，之江实验室在服务浙江省政府数字化改革的基础上，投入理论与技术，专班处理活动专项的问题，积极转化成果，提供智力支持。

人工智能安全技术是这一成果转化过程中的亮点、创新点，更是之江实验室科研团队为亚运会服务的重点、难点，充分考验着之江实验室成果转化体系的实效性与成熟度。为此，实验室联合数字识别、智能安全领域的龙头企业奇安信，利用成熟企业的技术优势，共同开发数字识别的应用产品，同时结合实验室科研造峰、瞄准国际科创前沿的发展规划，深入探索人工智能安全对抗这一前沿领域的科创空间，从而大幅度提升成果转化的科创赋能与学术价值。

伴随大数据、云计算等尖端技术的推广，数据安全法等相关法律法规的出台，个人隐私保护问题的重要性逐步被社会大众所认知。人工智能安全领域在社会经济发展中的重要性逐步提升，具有相当程度的市场需求与发展空间。基于这一应用实际，之江实验室积极把握机遇，同奇安信成立人工智能安全领域的合资公司。该合资公司将作为人工智能安全领域成果转化的合作载体，积极引导新兴技术产业化的未来进程。奇安信国内顶流的技术条件，积极配合之江实验室的前沿技术赋能，成果转化中优势资源叠加，将迸发出强劲的科创生命力，为大投入、大团队、大攻关、大产业的建设发展提供坚实后备保障与平台支持。

同塑技术产业共同体

之江实验室在科创成果转化中主动出击，与地方政府开展优势产业合作，建设一批产学研创新基地，充分挖掘浙江产业经济内生动力。伴随企业合作的纵深推进，实验室现已与多家央企、龙头企业签约，并同一批与实验室优势学科领域密切关联的龙头企业，如中国电子下属奇安信集团、富通集团、杭州云象网络技术有限公司等，形成了技术产业共同体，在智能计算、网络安全、光前传感等科研阵地，逐步落实"共植果树"的产研一体策略。

从"摘取果子"到"共植果树"，之江实验室充分利用自身创新资源，围绕数字赋能、未来教育、智慧交通等经济社会重大需求或国家战略导向领域，有针对性地探索成果转化创新的崭新模式，自 2020 年以来，已培育出复之生物公司、之科立上公司、之江奇安公司等 8 家成果转化企业。

另一个例子是，之江实验室与上海燧原科技有限公司（以下简称"燧原科技"）的合作共建，即是实验室"共植果树"理念的一次典型实践。燧原科技是一家成立于 2018 年、开发人工智能训练芯片的高新科技企业，是国内芯片领域知名度较高的一家独角兽企业。芯片领域的尖端技术，不仅是有效助力经济社会发展、加速数字化社会建设的重要因素，更是体现国家层面科研水平与科研独立性的关键领域，具有国家战略层面的合作高度与共建意义。人工智能的芯片领域不仅有着广阔的市场前景与应用生态，更关乎中国科技的自立自强。

"中国是一定需要一块自主可控的芯片在的，这是属于我国科研目前被正儿八经'卡脖子'的短板与关键领域。"在燧原科技之前，实验室已经接触了不少芯片开发的龙头企业，但因种种原因，很长一段时间内并未找寻到合适的合作伙伴。芯片技术与国家科创能力等战略目标紧密勾连，实验室的科研团队从未放弃"共植果树"过程中的战略定位，一直等待着在科创价值观上"气味相投"的合作伙伴。

幸运的是，燧原科技内部对之江实验室的核心发展规划、研究工作定位与科研工作精神表示充分认同，并积极配合实验室的科研团队开展高端芯片的研发。虽然在合作洽谈之初，智能芯片等领域的研究在之江实验室内部尚处于起步阶段，且智能芯片研究投入的资金、人力与时间成本都颇为巨大，但燧原科技的创始团队因感怀于实验室"科学精神，家国情怀"的价值追求，依然义无反顾地投入人力、物力，与实验室展开深度合作。

至此之后，之江实验室紧紧地抓住了同燧原科技共建产研生态的契机，利用知名技术企业的工业基础、市场优势，实现了原先实验室内部无法独立完成的创新内容与场景转化。在良性健康的科研共生生态中，光有顶级的科学家、算法程序员是远远不够的，唯有企业里的工艺人员、工程人员加入，才能将科技前沿的设想与架构真正变为现实，变为更为合理的、更贴合市场需求的科创产品。

从这点来看，之江实验室同燧原科技"共植果树"，不仅提升了国内芯片研发领域的理论水平与技术水平，实现了芯片领域在具体场景产品上的全球"领跑"，并且有效构建了软硬并重的研发生态体系，是一次优秀的、典范的科研成果转化"变现"。

赋能智慧未来场景

立足具体科研转化项目及企业的共建基础，之江实验室围绕当下热门行业的重大关键技术和企业发展需求，进一步布局了"未来教育""未来文化"等渗透数字赋能技术的智慧未来场景，着力四大新兴产业布局，实现了产业布局优化与科创合作发展的同频共振。

实验室与中国美术学院合作成立了科艺融合研究中心，深入探索科学与艺术结合的产学研新模式。中心以人工智能技术为基础，结合美学设计理念，运用智能感知、虚拟现实等技术，开展前沿课题研究，目前已完成《跨媒体智能短视频生成关键技术》《跨媒体动画智能创作系统及应用示范》两个自设课题立项，提交多项开放性课题申请。中心相关的合作生态建设卓有成效，目前已与横店集团、浙江日报报业集团、酷家乐、浙江大学、浙江传媒学院等单位达成产研一体化建设意向。

之江实验室在与杭州钢铁集团的通力合作下，"杭钢—之江数字经济联合创新研究中心"建设取得实质性进展。该中心聚焦未来教育产业，探索科研产业联合攻关新模式，围绕杭州钢铁集团职业教育数字化转型需要，依托多人实时互动 VR 技术，基于大数据的人才画像、直播推流技术等成果，开发出了"浙江省产教融合智慧云平台"，实现数字技术在职业教育领域的融合应用。中心成果转化的关键项目——"长三角产教融合智慧云平台"进入实质性的建设阶段，未来实验室还将进一步加强与杭州钢铁集团的协同合作，持续深入人工智能技术在未来教育、数据挖掘分析及智能制造领域的应用合作。

同时，之江实验室聚集院校和产业智能教育资源，与浙江师范大学等本土高校开展智慧共建与密切合作，共同申报工信部和教育部组织的"5G+智慧教育"应用试点项目，聚焦智能教育关键技术，打造一站式整体解决方案。另外，实验室联合立德机器人等行业资源，深入调研机器人产业，深入谋划机器人创新产业园建设，推进实验室智能机器人方面的科技成果实现产业化落地，打造智能机器人产业链良好生态。

在智慧交通产业方面，实验室成立智慧交通中心，推动车路协同自主驾驶、协同操作系统、云端测试训练、智能监控运营等关键技术攻关，助力搭建基于车路协同体系智能的自主交通系统，并推动其在实验室一期园区进行示范应用，形成可对外推广的成果；同时面向市场需求，对接行业龙头和产业资本，推进联合创新研究中心的设立。未来，实验室还将继续推动科创因素融入未来产业布局，深化布局 B5G/6G 互联网、类脑芯片、AR/VR 沉浸式教育、智能感知等领域，与创新科技型企业展开合作，形成创新联合体，开展关键核心技术攻关。

聚焦热门产业创新阵地、跨越成果转化"死亡谷"的努力，不仅有效提升了之江实验室产研接续、成果转化链条的可持续性，更是体现了"企业出题、实验室接题、科学家解题"这一联合攻关新模式的实操性、科学性。

第三节　新构共生网络

面向国家战略目标的科创举措与成果转化，看似以专业化的科研团队与人员为核心，但实际上仍离不开外围共生网络的有效建构与良性发展，而在合作之网的搭建中，如何撬动更多的社会资源为我所用，成为之江实验室必须思考、亟待解决的难题。

之科控股：朋友圈的"黏合剂"

之江实验室科技控股有限公司（以下简称"之科控股"）成立于2020年9月，作为之江实验室的全资子公司，是实验室科技成果转化的持股和管理平台，负责实验室科技成果产业化，是实验室外围共生合作、成果转化体系中的又一重要组织载体。

作为之江实验室构建合作生态的直属机构，之科控股自成立之初，就确定了如下战略定位，即：国家实验室建设与发展加速器；浙江省数字经济发展与科技产业创新助推器；之江实验室技术成果产业化催化器；之江实验室"共建共享发展成果"激励平台；未来"之江系"科技产业发展平台。它的创建，旨在加强与科创合作相关部门和团队的建设，构建与实验室之间更加紧密的业务协同机制，并有效地推进理顺管理机制、下放自主发展的科创管理事权，进而为之江实验室的合作交流保驾护航。

为此，之科控股构建起了工程化开发任务、设备和大装置采购运营、服务国家重大战略需求以及服务地方经济发展等四个主要方面的服务体系。一方面，之科控股组建起全面支撑实验室科研活动的工程团队，构建完善的工程化实施体系，全力协同实验室开展科研成果的应用研究和工程化突破。发挥企业化运行优势，组建专业的运营团队，紧密围绕实验室科研条件建设、运营需要，做好"国际大科学计划实施项目""重大科技基础设施建设项目"的服务支撑。另一方面，围绕创新驱动发展、军民融合发展等国家战略需求，发挥之科控股市场化优势，联动多方资源，形成支撑国家安全、经济建设的战略业务，谋划培育若干重大战略性新兴产业，推动科研成果在军地协同、工业控制等场景中的应用。同时，紧扣地方发展需要，搭建业务载体，找准业务切口，打磨应用产品，形成整理解决方案，将实验室技术创新优势转化为市场竞争力，赋能数字化改革，服务地方经济社会发展。

而在科研成果的培育方式上，之科控股探索出了以科研协同服务、应用倒逼研究、建库梳理成果、精准孵化服务、链接龙头企业、集聚合作资源等为主要方式的科研成果培育方式。之科控股在成立伊始，即开始梳理实验室各大成果，形成了主动对接、跟踪实验室各研究中心科研进度和成果转化需求的工作常态，建立和完善了成果转化资源库和项目库，进一步明晰了成果转化的路径与流程。

同时，之科控股利用拥有高素质专业化的成果转化队伍的优势，为科研项目团队提供定制化的孵化服务，贯穿"梳理可转化成果—筹备成立—初创运营—加速成长—筹备上市"全过程，涵盖商业模式论证、技术应用试验、产品化试用、股权结构设计、经营体系搭建、市场渠道拓展等多方面。

在对接龙头企业方面，之科控股充分发挥桥梁枢纽作用，对接中国电信集团，围绕"平台+大脑"和"社会治理"两大主题，精准谋划、匹配与实验室的合作点，积极探索龙头央企与实验室在技术攻关、产研融合、协同创新等领域的合作路径。比如，实验室高分辨超声显微镜项目组已研发出一代样机，但因中试环节缺失，难以提升客户接受度。之科控股通过市场调研，精准对接杭州多家企业，对设备进行测试，并将企业反馈意见及时同步给项目组，及时改进产品，最终成功吸引行业龙头季丰电子投资该成果。而实验室天枢平台在研发时原本定位为算法开发和训练工具，根据之科控股深入市场走访调研的报告，结合浙江省数字化改革的实际场景需求，重新定向开发成一个算法推理的实战工具，一举拿下浙江省市各大厅局多个开发项目。

此外，对经评估已达到或接近成果转化条件的项目，之科控股进行了全方位的市场对接，输出包括项目合作、课题合作、委托合作等多种形式的成果，同时成立之科创投、导入红杉资本等资源进行投融资联动，显著提高了之江实验室科研成果转化率。

在科研成果转化方面，之科控股通过三种途径进行转化。第一种是全资转化，科技成果授权使用。这方面比较典型的是成立于2021年12月1日的浙江之科云创数字科技有限公司。该公司为之科控股的全资子公司，既是之江实验室天枢平台成果转化公司，也是实验室服务于浙江省数字化改革的重要窗口，专注于人工智能算法平台、数据管理平台、隐私计算平台、区块链平台等各类平台以及视觉、语音、文本等各类算法的开发与建设，全面助力政府、高校以及各行业数字化改革工作，目前已在浙江省内多个区域落地业务。第二种是与龙头企业合资转化。2021年9月26日，之江实验室与奇安信科技集团股份有限公司在浙江乌镇签署战略合作协议，合资成立之江奇安科技有限公司。双方聚焦网络安全领域，探索前沿科技创新与市场应用高效融合的新路径。第三种是以实验室核心团队为主、之科控股与产业链相关企业参股为辅。2021年3月成立的之科立上医疗科技有限公司，是之江实验室首家孵化的技术创新公司，主要从事光学放大电子内窥镜设备研发、生产和销售。此模式形成技术与市场的有效对接，围绕医学影像水平的提升，较快地打通了技术链与产业链的融合。

之科控股的发展无疑是之江实验室成果转化道路上引资纳源、凝聚合力、拓展合作生态的中间纽带与管理核心。截至2021年底，之科控股已初步形成科技成果产业化、技术开发、产业投资、服务保障的四位一体管理能力体系。之科控股下属的之科智慧、之科云启等科创公司已成为支撑实验室科学研究、成果转化和高效运行的中坚力量，下属的之科创投公司，也已成为成果转化生态的有生力量。

之江发展基金会：资本流的"通济渠"

实验室在初创阶段，各个重点研究项目的启动资金主要来自各层次政府部门的大力扶持，引入资本的渠道较为单一，往往囿于自身特定的研究重点，出现产研接续相对断裂、实验室合作主导性不足等问题。实验室若想实现自身长远的可持续性发展，就需要通过创新成果的输出，源源不断地吸引多元化资本，形成自己的"造血"能力。

为此，之江实验室积极拓宽社会性的多元化的融资渠道。在现有政府科研资金的基础上，2020年，经浙江省民政厅批准，实验室注册成立了非公募基金会——浙江省之江发展基金会。它的使命是全面支持和推动之江实验室的建设，助力前沿技术研究及引领创新产业集群发展，借用商业化、市场化模式的因子来推动实验室引资纳源的多元化与自由度，打通大合作路径，争取更多社会资源投入基础研究和技术开发，不断从成果转化过程中实现反哺作用。

但是要实现产学研链条的顺利串联，不仅要在技术因素方面有效推动，更要有体制机制、组织架构等科研管理因素的"润滑"作用，技术与管理的高效聚合，才能真正发掘科创利益共生体系的多元可能。围绕实验室发展目标及核心工作，以"星海、星舰、星链、星辰"四大品牌项目为抓手，之江实验室已逐步建立起以科研成果转化为导向的内外部多元筹资体系，精准划分战略捐赠方、大额捐赠方、中小额捐赠方等捐赠资源层次，并全程跟进、监督其开发与维护工作。同时，强化科研资金运转体系的内部管理，完善相关制度及工作流程，形成筹款工作精准突破机制、内外部协同机制、激励机制、配套及优先资助机制，积极探索捐赠资源、联合研发、产业孵化等多种社会资本投入模式。

2022年1月7日，之江实验室与富通集团有限公司签订了战略合作协议，双方将深入探索创新链、产业链深度耦合的创新范式。富通集团向之江发展基金会捐赠人民币 1 亿元，成立"富通—之江共富创新基金"，以科技助力山区 26 县跨越式高质量发展，助力浙江省高质量发展，建设共同富裕示范区。同时，双方汇聚和发挥研发、技术、人才、资金和市场等多方面优势，组建"富通—之江联合创新研究中心"，联合开展智能计算、光纤传感与系统、光通信与光网络等领域的关键技术基础研究，实现产业创新研究和成果产业化，共同制定行业国际国内标准，深化行业龙头企业与国家战略科技力量合作机制；通过实施重大科研成果转化，推动我国光纤传感事业发展；通过打造长三角区域智能计算与数据中心集群，为浙江省数字化改革和新型基础设施建设提供有力支撑。

之江实验室对社会资本早期介入基础研究的难题进行了有效的实践和探索。通过与浙江省内产业龙头企业深度融合，实验室进一步明确了具有潜力的科研方向与项目，并尝试建立以应用倒逼前沿基础研究的协同创新机制。在保持基本的科研转化经费支出的同时，实验室继续坚持国家、省市地方、企业公司、社会团体等多元化投入相结合的资源利用原则，不断提升团队自身科研因素在经济社会发展中的实力与吸引力。

此外，通过需求侧驱动，在不忘市场导向、推动资金筹措的同时，实验室将目光回归科研技术发展的活水源头，不断聚拢更多社会资本投入回报周期相对长远、社会效应更为深广的基础性研究，努力实现产研两端"共植果树""摘取果子"，培育打造实验室独立的"自我造血"机制与良好的"自我造血"能力，完善利益共享机制，构建基础性科技创新产研一体的良性生态系统。

第七章

智能计算，转动未来的智慧魔方

当前，无人物流、家庭机器人、虚拟主持人、虚拟会议、脑机接口，使第三产业的应用水平不断升级；数字孪生城市、数字孪生工厂、数字孪生校园，让数字经济走向大千世界；蛋白质结构预测、新材料发现，体现出计算在科研领域的强大创新力……放眼望去，一场由计算带来的变革正在极大地改变人类的生产生活方式，计算已经成为智能时代社会经济发展的核心生产力。

万物数化的智能时代，谁抢占了计算高地，谁就拥有未来发展的主导权。2016 年，美国发布《国家战略性计算计划：引领未来计算》；2019年，美国再次发布《国家战略性计算计划（更新版）：引领未来计算》强化部署发展未来计算软硬件，建设异构计算系统，打造计算战略基础设施，引领未来计算，确保美国在计算技术的全球领先地位。2019 年，欧盟发布"数字欧洲计划"，进一步加大超级计算、人工智能的投入；2020年该计划升级为"欧洲高性能计算共同计划"，提出大力发展 E 级超级计算机和混合计算机，强化欧洲数字主权，维持计算主导地位。可见，计算已经成为全球战略必争之地。

之江实验室作为支撑国家科技自立自强的新生力量，在 2017 年建立之初，就瞄准国际战略竞争前沿，聚焦人工智能和网络信息两大领域，以智能感知、智能计算、智能网络和智能系统为主要科研方向。2021 年，之江实验室成功进入国家实验室体系，承担智能计算重大战略攻关任务。以此为契机，之江实验室把构建智能计算的理论体系、技术体系和标准体系作为主要战略方向，对智能计算研究领域做了系统布局和有益探索。同时，实验室以重大问题和现实需求为导向，汇聚多方资源，启动建设智能计算数字反应堆科学装置，将智能计算的最新成果、面向未来世界的科学研究和经济社会发展互联互通，为迈向智慧社会提供坚实的技术支撑。

谱写智能计算的"中国定义"，就是实验室未来的星辰大海，也是之江人孜孜不倦的梦想与追求！

第一节 人类与计算

在人类历史长河里，计算技术与人类社会的发展相生相伴。从人工计算时期的"结绳记事"、筹算、珠算，到机械计算时期的八位计算机、四则运算计算机、差分机，再到近现代计算时期的电子计算机、电子管计算机、晶体管计算机、小中大型集成电路计算机，计算技术渗透到了人类生产生活的方方面面。现代计算的发展虽然日新月异，但人们仍然期待计算机技术发生一次颠覆式的更新，使人类的计算技术进入一个新的阶段。之江实验室的科研团队将这个新的发展阶段称为"智能计算"时期，并寄希望它能突破计算面临的"悟性瓶颈"。

计算：无处不在，无时不用

继蒸汽机技术和电力技术之后，以电子计算机等技术发明和应用为主要标志的第三次工业革命成为人类文明的又一次重大飞跃，极大地推动了人类社会经济、政治、文化领域的变革，深刻地影响了人类的生活方式和思维模式。如今，计算技术已普遍融入我们生产生活的各个场景，智能技术极大地丰富了我们的物质生活与精神生活，其影响远远超出了我们的想象。

比如，"机不可失"这一成语，当下被赋予了一种特殊的含义——手机不可丢失，需要随身携带，因为它是我们生活中最重要的必需品。

这里，我们以手机导航为例，来看它给我们出行带来的巨大便利。除了定位功能，它还能告诉我们即时的交通状况，从而帮助我们选择最为合适的线路。我们不禁会问，手机究竟是如何实现上述功能的？原来我们的手机内嵌了卫星定位芯片，通过卫星定位信号便可精准定位。同时，手机可以利用基站信号辅助定位，提高定位的速度和精度。在出行过程中，只有掌握了地图信息和实时路况信息，才能进行准确的路线规划，而实时路况信息却是瞬息万变的。那么如何才能获得取瞬息万变的实时路况信息呢？在这个环节，百度、高德等导航服务商采用了多种手段获取这些动态信息。首先是依据 APP 中上亿用户的实时数据。APP 通过移动设备的 GPS 模块获取用户位置、速度方向等信息，将这些采集到的信息反馈给云端服务器，云端服务器根据收集到的信息进行实时数据分析，计算出每条道路上行驶车辆的平均速度，根据平均速度得出某个路段的拥堵情况。如果汽车行驶的速度越来越慢，这就反映了道路拥堵情况越来越严重。此外，现在的智能汽车上都配置了摄像头、毫米波雷达和超声波雷达等先进传感器，可以比较准确地感知周围的路况。其次，即时信息来自交通管理部门的视频监控、地感线圈等物联网设备数据，以及大量客车和运输车辆的 GPS 定位和行驶信息。这些数据量大面广，全方位反映了实时的道路交通状况。除了来自交通管理部门的海量数据，很多专业公司也能提供相关的实时路况数据。

通过手机端、车端传感器和路端设备协同感知道路交通状况，与部署在边缘的计算节点和云端服务器协同计算和分析，实现全局交通状态监控和调度，可为用户提供高智能、高精准的交通出行路线规划，提升交通出行的效率。

很显然，上述人、车、边缘节点和云端的协同这个复杂系统不仅仅是为了规划出行的路线，它实际上想要解决自动驾驶这个更具有挑战性的问题。自动驾驶需要统筹兼顾安全、效率和成本，如果通过人、车、边缘节点和云端的共同协同，把车端智能、路端智能、边缘智能和云端智能融会贯通，那么自动驾驶的理想目标有望圆满实现。

总之，计算在智慧交通领域起着不可替代的作用，它对于路线规划和自动驾驶等方面都具有不可替代的关键作用。

"窥一斑而知全豹。"实际上，上面分析的仅仅是一个典型的案例。其实，计算已经渗透到人类社会生活的每一个角落。当有的学者提出"科技与人文共舞，数字与艺术齐飞"的口号时，已经蕴涵了计算技术在人文艺术领域广阔的应用前景。之江实验室成立五周年之际，科艺融合研究中心的耿卫东团队根据朱世强的《大海之黎明》节选内容，采用语义驱动的 AI 绘画工具，自主创作了一组画（四幅），喻示之江实验室从起势、蓄势、破势走向成势的发展历程。我们把这项工作也看成是认知计算方法的具体应用。

计算技术的演进

早在 300 万年前，人类便创造了结绳记事。《周易·系辞》记载："上古结绳而治。"最古老的"计算"活动发生在公元前 2500 年的美索不达米亚平原。人们在对美索不达米亚文明的考古活动中，发现了很多泥板，其中有一块泥板记录了当时所提出的一个计算问题：一个谷仓中有 1 152 000 份粮食，若每个人可分 7 份，那么一共可以分给多少人？4 000 多年后的今天，利用小学数学知识即可解决这个基本的除法计算问题，但在当时数学这门学科都未建立的情况下，对于如此"庞大"的数学计算，美索不达米亚人解出了精确的结果：164 571 人，这是十分难能可贵的。

早在春秋时期，中国古人就已经开始使用筹算，他们发展出了一系列的计算方法，可以很方便地进行四则运算，甚至能进行乘方、开方等较为复杂的运算，此外，筹算体系还可以对零、负数和分数进行表示与计算。南北朝时期的数学著作《孙子算经》详细记载了筹算的制度和方法，其中包括了筹算乘法和除法的规则。从结绳计数到筹算的变化，本质上都是用符号表征的记数方式和相应的计算方式的变化。这一系列的演变表明，计算方式越来越多样而且不断进化。

1641 年，法国数学家帕斯卡从机械时钟得到启示：机械的齿轮也能用来进行记数。以此为启发，帕斯卡成功地制作了一台齿轮传动的八位加法计算机，这标志着人类的计算方式以及计算技术进入了一个新的阶段。1673 年，德国数学家莱布尼茨在帕斯卡的八位加法计算机的基础上，又制造了能进行简单加、减、乘、除四则运算的计算机器。1823 年，英国人查尔斯·巴贝奇设计了差分机，后又进一步提出了建造功能更为强大、更加通用的分析机，用于计算对数、三角函数以及其他算术函数。尽管这种分析机从来没有变成现实，但是其中蕴含的设计思想仍能在现代计算中找到痕迹。

1679 年，德国著名数学家、逻辑学家莱布尼茨建立了二进制的表示及运算，认为一切数都可以用 0 和 1 创造出来。随后，乔治·布尔提出逻辑代数学，即逻辑中的各种命题可以使用数学符号来代表，并能依据规则推导出逻辑问题的结论。基于布尔代数，人类的推理和判断由此变成了数学运算。布尔的代数理论经过不断发展，形成了现代计算机的理论基础——数理逻辑。信息论创始人香农于 1938 年提出：可用二进制系统来表达布尔代数中的逻辑关系，用"1"代表"真"（True），用"0"代表"假"（False），并由此用二进制系统来构筑逻辑运算系统。通过香农的工作，布尔代数与计算机二进制被联系到了一起。1936 年，"计算机之父"阿兰·图灵发表论文《论可计算数及在密码上的应用》，首次提出了计算机的通用模型——"图灵机"。1944 年，约翰·冯·诺依曼提出了一个全新的基于存储程序的通用电子计算机方案，基于此方案的电子离散变量自动计算机（EDVAC）于 1952 年研制成功，该结构被认为是计算机发展史上的一个里程碑，它标志着现代电子计算机时代的真正开始。

第二节　智能计算的提出

自电子计算机出现以后，计算机技术迅速发展，历经电子管计算机（1946—1957）、晶体管计算机（1958—1964）、中小规模集成电路计算机（1965—1971）、大规模集成电路计算机（1971—2014）四个阶段，计算能力突飞猛进。摩尔定律表明，计算机的计算速度每 18 个月翻倍。此外，计算机的形态也经历了从单核到多核、从巨型机到微型机、从超级计算机到云计算的演变。到了今天，人类对计算机的算力和功能要求也越来越高，人们期待未来的计算机不仅能进行计算任务，还能拥有强大的智能，具备推理、联想、判断、决策甚至学习能力。目前，以计算技术为核心的新一代信息技术正朝着人机物融合的方向发展，人类社会、网络社会和物理系统深度融合，云计算、大数据、人工智能等信息技术深度发展，这对计算提出了更高的要求。

突破算力瓶颈

随着信息时代的到来，我们被计算带入了一个令人兴奋不已的数字时代，但也恰恰被计算的短板，困住了继续前行和快速发展的脚步。"高能的计算遇上了悟性的瓶颈"，搜索引擎能提供海量、无差别化信息，却无法准确找到你想要的内容；智能客服机械重复，往往答非所问；手机导航虽日趋智能，却仍然无法提醒司机高速入口因大雾封闭……这样的例子不胜枚举。

从专业角度来说，当前计算速度受到冯·诺依曼结构的制约，计算方法面临海量数据挑战，算力供给受能源消耗的制约，计算使用受到接入方式的限制。因此，如何打破冯·诺依曼结构的制约，缩短计算机处理海量数据的时间，降低计算能耗，解除接入方式对计算使用的限制，是全世界计算机科学家们面临的共同挑战和"瓶颈"，一旦突破，将很可能直接推动人类社会进入第四次发展浪潮。

算力是计算设备的运算能力，在数字经济时代，它被视为一种新的生产力，各种场景下的应用都需要对大量数据进行加工，所以对算力的要求也越来越高。举几个例子：假如城市道路发生车祸，若能依靠算力智能化设计出最佳路线，就能从死神手中挽救更多的生命；假如发生现代战争，若能通过超高算力快速计算出导弹发射路径和拦截路径，就能在战争中掌握主动权；假如军事或医药领域需研制新武器、新药品，在同样的条件下，拥有高算力的一方能够抢占优势，甚至能够保持垄断地位。而且，随着人工智能的发展，算法模型日益复杂，算力的发展速度也已成为人工智能研究的壁垒，拥有丰富算力资源的机构有可能形成系统性的技术垄断。因此，如何满足人工智能的研究，提高算力，是未来计算技术要解决的首要难题。另外，以数据中心、人工智能为代表的信息基础设施所带来的能耗问题，也是未来计算技术要解决的另一重要难题。一个大型数据中心，不但需要消耗大量的电能维持运算设备的运转，而且还需要额外的电能来进行散热制冷。在一个数据中心的运维成本中，电费占其中的80%，可谓是耗电的"大老虎"。数据显示，我国数据中心的耗电总和已连续10年以超过10%的速度增长。按照我国数据中心机架数量每年30%的增速，预计到"十四五"末，数据中心用电量在全社会用电总量中将占比超过3%，这对数据中心的运营及环境的保护带来了巨大的挑战。提高计算的能效，不仅是企业降本增效的重要手段，也是实现碳中和目标的重要路径。

在新一轮数字化、智能化浪潮下，未来五年全球将迎来1 000倍智能终端、连接以及能耗的增长压力，而算力需求将面临100万倍的增长压力。通过"大力出奇迹"方式实现的人工智能，可能将引发新的"能源"

危机和"算力"危机，这就迫切需要一种新的计算范式，有效降低能源消耗和算力需求，智能计算无疑将成为一个突破瓶颈的方向。

智能计算是什么？

近年来，数值计算、模糊计算、生物计算、类脑计算、超级计算、云计算、雾计算、边缘计算，等等，关于计算的概念层出不穷，让人眼花缭乱，学术界也是莫衷一是。那么，智能计算到底是什么？它与人们已经熟知的云计算、超级计算有什么联系？又有什么区别？

从专业角度讲，智能计算是支撑万物互联时代数字革命的新型理论方法、架构体系和技术能力的总称。统筹运用智能书和计算技术，对计算的基础理论方法、软硬件架构体系、技术应用支撑等进行系统性、变革性的创新，形成高算力、高效能、高安全、强智能的计算能力和普惠泛在、随需接入的服务能力，给智慧社会的数字能力建设提供支撑。具体而言，包括以下三点：

1. 智能计算的理论方法。信息社会向智能社会演进，计算也从数字空间向多元空间蔓延。数据计算在寻求自身智能化提升的同时，引入对外界事物的智能感知、对人的认知机理的探索，相互交融、更新迭代，形成"万物皆需计算，计算无处不在"的融合智能计算。从计算的智能化和泛在化出发，智能计算的主要方法包括张量计算、近存和存内计算、模拟与符号计算、图计算、类脑计算、生物计算、群智计算和人机共生计算等。

2. 智能计算的架构体系。智能计算集成不同的计算单元，发挥各自的计算优势，达到"超强算力、高能效比"的效果，通过"端边云"协同、广域协同等不同的资源调度方式，提供普惠泛在的计算能力，通过可信计算安全体系，保障各个计算环节的私密性、完整性、真实性和可靠性，支撑人机物高度融合的混合计算。它的主要计算架构包括异构集成架构、协同计算架构、可信计算架构和混合计算架构等。

3. 智能计算的技术能力。智能计算是应对未来人机物三元空间融合的计算需求而提出的，强调人在计算中的作用，追求高算力、高效能、高安全、强智能，目标是实现普惠泛在、安全可信、随需接入的透明计算服务。它凸显的外在技术能力主要包括普惠泛在的计算服务、广域协同的计算能力、安全可信的计算过程、自主进化的计算体系、任务驱动的自动求解、实时透明的空间孪生和人机协同的高效智能等。

综上所述，我们可以看到，智能计算既不是超级计算、云计算的替代品，也不是现有计算的简单集成品，与一般的计算相比，智能计算在理论方法上具备自学习、可演化的特征，在架构上具备高算力、高能效的特征，在体系上具备高安全、高可信的特征，在机制上具备自动化、精准化的特征，在能力上具备协同化、泛在化的特征。如果超级计算和云计算提供的是做一道菜需要的"食材"，那么智能计算就是能根据顾客喜好设计菜谱并将食材加工过程明确的"高级厨师"。它不仅具有强大的信息搜索和计算能力，还具有自我推理、分析能力，能精准解决每个人的实际需求，为每个人提供私人订制的"菜谱"。

"要实现智能计算的未来愿景，必须让计算回归本义——解决实际问题。"具体而言，当计算系统接收到一个任务，首先需要对任务进行智能理解和子任务分解，依托强大的知识库、算法库，根据子任务的需求自动配置算法和数据，同时以广域协同计算平台为支撑，自动调度和配置算力资源，实现对任务的快速求解，得到的计算结果经过校验后，准确的计算结果将会输出、反馈给使用者。整个过程，使用者无须专业的计算技术技能，即可随时随地使用智能计算服务。

从之江实验室的角度而言，计算服务人类的最佳方式，就应让所有的计算隐藏在背后，让用户无感地得到计算服务。正是基于这样的理解和初衷，之江实验室创新性地提出了智能计算的"之江定义"，即：针对不同的具体问题，调度最佳的算力工具，适配最优的算法，形成最好结果的过程。

第三节 智能计算@之江

之江实验室围绕智能计算技术面临的计算能力、能量效率、智能水平、安全可信四大挑战，以聚焦国际科学技术前沿、创新引领未来计算发展的颠覆性技术、攻克支撑智慧社会重大战略应用的核心技术为总体原则，确定了以推进智能计算研究六大任务为核心的总体架构，基于智能计算理论与方法、智能计算器件和芯片和智能计算标准规范，构建智能计算硬件系统和智能计算软件系统，打造一系列智能计算重大应用。

独一无二的智能计算体系

目前，实验室已经从理论体系、硬件体系、软件体系、重大装置、标准与规范、重大应用、对外交流等全面发力，逐步形成了独一无二的智能计算体系优势。

1. 智能计算的理论体系方面。智能计算的基础理论体系虽尚未成熟，但如多元异构信息融合、知识自动生成、基于知识的自学习机理、广域协同的算力资源配置、非结构化场景下的问题求解机理、生物计算机与复制等基础理论正在成为智能计算核心理论的萌芽。因此，之江实验室重点突破认知智能、感知计算、可信计算、生物计算等新型计算理论与方法，主要就以下内容开展研究：研究并构建人机物三元空间融合的知识推理与知识计算、脑认知机理、常识构建与推断等认知智能的理论和方法；研究并构建多模态感知与数据融合、高性能感知计算、类人感知与信息交互等感知智能的理论和方法；探索新型计算模型和计算理论、方法、模型与范式；研究新型密码学、可信执行环境、可信数据交换等可信计算安全理论与方法；研究突破大规模 DNA 并行计算理论和高效存取方法、DNA 分子

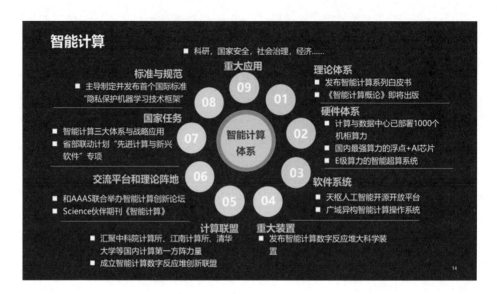

层面自动寻径和识别关键技术，突破生物编码、生物操作、生物监测等生物计算理论与关键技术。此外，实验室在理论研究的基础上不断总结经验，在2021年对外发布了《智能计算白皮书》，出版了系统阐述智能计算的学术著作《智能计算概论》。

2. 智能计算的硬件体系方面。实验室重点突破光电集成、异构集成、晶圆集成等新架构，研制光计算、类脑计算、异构融合计算、晶圆级计算等智能计算系统，构建关键指标持续国际领先的智能计算机系统，形成技术领先、自主可控的智能计算硬件技术体系。其中，在异构智能计算系统方面，重点突破高速互联、近存计算、软硬件可重构、存储与I/O系统加速、实时分布式调度等架构和技术，集成通用处理器和多种专用加速处理单元；在晶圆集成异构智能计算系统方面，重点研究片上高速互联技术、晶圆拼装集成工艺，探索光电融合技术与晶圆集成技术的有机融合，突破晶圆级互联、集成、封装、供电、散热等核心技术。目前，实验室的计算与数据中心已部署1 000个机柜算力，并打造布局了国内最强算力的浮点+AI片和E级算力的智能超算系统。

3. 智能计算的软件体系方面。实验室重点研发新型编程语言、操作系统、编译器、基础软件、平台软件等，建立技术先进、自主可控的智能计算软件技术体系。目前，实验室已经打造出天枢人工智能开源开放平台和广域协同智能计算操作系统。在天枢人工智能开源平台方面，重点研究高效神经网络训练、分布式计算框架、软硬件协同编译优化、模型炼知、一站式开发部署等关键技术；在广域协同智能计算操作系统方面，重点突破"端边云"协同、资源封装与服务、计算数据与算法智能适配、广域计算资源智能调度、计算架构自组织自演化等关键技术，研发"端边云"多域融合的广域协同智能计算操作系统，支持万亿级各类异构设备高速互联、融合和协同，理论峰值算力达到 Z 级。

4. 智能计算的重大装置方面。智能计算数字反应堆是一个基于智能计算的全新科学装置，基于智能计算理论与方法、智能计算芯片与器件、智能计算硬件体系、智能计算软件系统和智能计算标准规范，通过实时数据接入平台，采集和汇聚全行业全要素数据，实现全要素数字化，对多源异构数据开展智能处理、融合和关联分析等，建立人工智能模型库和算法库，高效利用智能计算集群、智能超算机、类脑计算机、光计算机以及人工智能开源开放平台、广域协同智能计算平台等智能计算软硬件资源，催化数字反应堆"数字裂变"。目前，实验室依托数字反应堆资源，联合国家天文台、中国水稻研究所、上海大学等创新机构，面向材料、天文、制药、育种、基因等国家重大战略领域，启动了一批重点攻关项目。未来，智能计算数字反应堆还将不断地迭代升级，面向更多的科学前沿和战略应用领域，提供相应服务。

5. 智能计算的标准与规范方面。标准化工作在智能计算及其产业的发展中起到基础性、支撑性、引领性作用，既是推动产业创新发展的关键抓手，也是产业竞争的制高点。之江实验室前瞻性地开展智能计算标准规范的全面布局，从构建智能计算标准体系、建设智能计算标准国家级创新平台、建设面向产业应用的区域标准化创新载体和建设优质国际标准组织集聚区四大重点任务着手，在智能计算的模型、架构、设备、网络、存储、数据、安全、应用等方面主导构建多层次的国际标准体系，并逐步形成良性可持续发展的技术生态和应用环境。

6. 智能计算的重大应用方面。实验室将智能计算能力输出到交通、健康、金融和教育等领域，推动智能计算支撑下的产业创新和变革，进一步激发社会发展活力和提升社会运转效率。在自主智能无人系统方面，重点突破云端协同的未知场景理解、多维时空信息融合感知、任务理解和决策、多机器人协同等关键技术，研发自主智能系统云脑平台，解决非结构化环境下机器人自主作业与智能决策难题。

7. 智能计算的对外交流方面。实验室还成立了计算联盟和智能计算数字反应创新联盟，汇聚中国科学院计算所、江南计算所、清华大学等国内计算第一方阵力量，共同为智能计算的理论研究和实践探索发力。2021年11月，之江实验室携手美国科学促进会，正式向全球宣布推出《科学》合作期刊《智能计算》。截至2022年3月，之江实验室已发布《智能计算白皮书》，建设完成计算与数据中心，主导制定了隐私保护机器学习首个国际标准，并将在2022年发布"之江南湖之光"智能超级计算机、百亿级神经元类脑计算机、异构融合图计算机等智能计算重大科研成果。

国之重器：数字反应堆

2021年10月30日，之江实验室举行智能计算数字反应堆启动会，联合10余家顶级创新机构共建重大科学装置。何谓"数字反应堆"？前文提到，智能计算数字反应堆是一个基于智能计算的全新科学装置，通过构建人工智能算法、大数据计算、科学计算库、模拟推演等关键引擎，对应用计算任务在各种异构算力上进行统一调度，为不同的计算任务适配相应计算资源，以达到预期的计算目标。用之江实验室首席科学家潘云鹤院士的话说："数字反应堆最重要的'燃料'是数据，最重要的'引擎'是人工智能，人工智能很重要的基础是知识。之江实验室智能计算数字反应堆，把数据和知识以最快的速度聚集起来，促进跨学科多行业多模态数据产生聚变式与裂变式应用，将成为新一代人工智能的重要基础设施。"

数字反应堆的物理中心在实验室南湖总部的计算与数据中心，可容纳 4 000 个机柜提供基础算力，建设或正在建设 E 级智能超算机、P 级异构计算集群、百亿级类脑计算机、通用服务器计算集群、高性能图计算机、光电计算机等算力设施。通过 CERNET2 高速专用网络连接各超算中心，打造超算互联网算力平台，通过高速互联网把分布在全国各地"端边云"的计算资源，根据任务需要接入形成广域协同算力平台，最终形成以之江实验室计算与数据中心为核心的 ~lOEFlops 算力的计算集群。

如同核反应堆能够以聚变、裂变等形式，并通过一系列转换产生可利用能量，数字反应堆也能够通过数字"聚变、裂变"，实现智能计算在交叉领域的创新发展。在数字反应堆的启动会上，实验室同步启动了智能计算数字反应堆的首批重大应用项目，首次发布了智能计算数字反应堆计算材料、计算育种、计算制药、计算基因、计算天文等系列白皮书，加速促进智能计算与材料、育种、制药、基因、天文等领域的深度耦合，同步推进基因、仿真和社会等更多领域的融合研究。

目前，实验室立足计算材料、计算育种、计算制药、计算基因、计算天文五大领域，通过数据库、模型库、算法库、知识库、智能化软件平台以及制备系统的建设，形成了之江实验室的智能计算体系性优势，成为支撑领域科技创新的基础平台。

1. 计算材料。材料是人类社会进步的基础，是现代制造业的基石。传统的材料研发一般要经历成分工艺设计、制备表征、系统优化、集成制造、服役评价和工业应用等漫长过程，需要反复试错，成本昂贵，耗时费力。而计算材料学可以通过计算机模拟，对材料的性能进行事先预测和设计，从而大大减少实验试错的成本和时间。传统的计算材料学与新兴的人工智能方法融合，正在引发计算材料学突破性发展和飞跃式变革。之江实验室便是要以材料科学原始创新和新技术突破为目标，聚焦材料智能计算、材料大数据和材料实验三大核心技术，借助智能计算的力量突破科技瓶颈，开展新型材料科学与技术研究，建设一流的智能化、数字化新材料创新平台。2022 年 1 月 21 日，国际顶级期刊《科学》发表论文《玻璃中稳定的钙钛矿纳米晶体三维直写》（Three-Dimensional Direct Lithography of Stable Perovskite Nanocrystals in Glass），该成果主要由之江实验室光电智能计算研究中心研究专家谭德志团队与浙江大学邱建荣教授团队合作完成。"利用激光直接改变纳米晶的发光颜色，实现从蓝光到红光连续可调，是我们在该领域的重大突破之一。在这之前，在材料内部写入发光连续可调的微纳结构几乎是超乎想象的。"谭德志表示。2022 年 3 月 3 日，之江实验室数字反应堆计算材料研究团队，在基于人工智能的计算材料与性能预测方面取得重要研究进展。在中国科学院院士、之江实验室数字反应堆计算材料领域首席科学家张统一领衔下，研究团队围绕"锂离子电池电极材料绝缘体电化学"核心难题，提出了计算解决方案，成果发表于最新一期的《自然·催化》（Nature Catalysis）上。在该研究中，团队首次将"无序化分解"思想引入到转换反应放电产物的分解机理研究中，发展出一套应用于转换反应电极材料的分解过程计算方案。该方案突破了传统局限于满足化学计量比的理想分解过程，提出了更契合产业实际的电化学过程分解路径，预测出更贴合真实体系的本征过电位。该研究成果充分体现了计算材料学对加速材料研发过程的重要推动作用，并将有助于解决动力学和过电位依赖关系这一阻碍器件应用发展的关键科学问题。目前，实验室已经完成计算材料平台集成、材料基因组数据库架构和实验验证平台搭建，并完成高频吸波材料样板、超高速飞行器鼻锥和可变刚度柔性机械手等展示样品。

2. 计算育种。正如中国工程院院士、中国水稻研究所所长胡培松所说的，"育种工作就像跳高，到达一定的高度后，需要颠覆性的技术推动领域发展"。当前，智能育种开启了全新的 4.0 时代，即以人工智能为依托，通过基因型与表型数据的高通量自动化获取与解析，整合各类数据，建立基于深度学习的精准预测模型，借助基因编辑与合成生物学等先进技术，实现智能、高效、定向培育新品种。数字反应堆以育种大数据为"燃料"，将大数据挖掘与分析、人工智能、高性能计算等先进技术方法高效融合，通过现有的基因、分子、环境和表型等多模态、多尺度海量数据集，建立高精度分子育种模型，以期加速育种的全流程智能化研发。数字反应堆的研发，将推动作物育种从"试验选优"向"计算选优"的根本转变，促进育种科学范式变革，全面提高育种数量、质量和产量，推进分子精准育种技术在我国农作物育种领域的规模化应用。之江实验室联合中国科学院东北地理与农业生态研究所、中国水稻研究所等标杆单位，共同建立以计算育种学为核心的新一代作物育种理论和技术体系，推动作物育种研发范式的变革，促进作物育种理论创新与技术进步，为作物新品种的培育和生产提供核心技术和科技平台，服务作物育种的科学研究和种业发展。

3. 计算制药。药物使用与生命健康息息相关。然而，在科技高速发展、制药技术取得长足进步的今天，新药研发依然面临严峻考验。"研发成本高、周期长、自然流失率高"是掣肘药物研发的三座"大山"。根据美国药物研发中心的报告，一个原研药从开发到上市总耗时约在 10—17年时间，总费用大约 26 亿美元。近年来，人工智能技术既为社会生活的诸多领域带来重大变革，也引发了制药行业对 AI 技术的热切关注。寻找有效的、合适的药物靶点是新药研发的首要任务，也是传统制药的一大难点。在运用大数据和智能计算技术后，靶点识别可以借助规划和验证数据模型来缩短时间、简化流程。此外，在引入人工智能技术后，药厂可以将经过实践验证的数据模型应用于制药流程中，实现药物全自动智能化生产，缩短制药企业的生产周期。实验室启动建设的智能计算数字反应堆，针对药物研发的不同环节，挖掘药物数据资源，通过新一代人工智能技术嫁接，优化实验试错的科研方法，构建活性药物分子发现平台、新药源头创新平台、智能药物合成机器人等智能化新药研发工具，为支撑科研创新提供有效工具，推动药物研发向智能化、精准化发展。目前，实验室已经研发基于基因组学和蛋白功能结构的智能计算基因平台，开发具有新结构和新功能的人工蛋白、基于基因编辑的 T 细胞肿瘤药物，开辟我国细胞药研发新路径。

4. 计算基因。2001 年，人类基因组序列与基因图谱的公布，标志着以大数据为基础的数字基因时代到来。近年来，大规模外显子组和全基因组测序的重大进展，虽然推动了生物界与医学界对各种多因素疾病相关基因和变体的进一步了解与认知，但是人类对影响表型的基因组多层相互作用的认识仍然不够完整，大多数基因学原理难以准确解释，导致诊断的不确定性及医疗研发进展的不稳定性。人工智能、大数据、智能计算技术的发展是加速基因研究的关键，特别是深度学习在蛋白质结构预期上的重大进展，表明人工智能和数据驱动的创新范式正引领并推动生命科学领域的蓬勃发展。实验室前瞻布局"智能计算+基因"研究方向，聚焦基因型与表型分析与预测 AI 模型与平台、基因组学生物信息云、基于 CRISPR 和 AI 技术的体外医疗智能核酸检测、基于 CRISPR 和 AI 技术的体内医疗智慧细胞药物等研究，开展智能计算与生物信息结合的理论与创新实践，进一步拓展基因编辑边界，通过读写基因源码，引领和推动生命科学研究。同时，基于全新的生物人工智能计算平台，联合生物科学家、人工智能专家，共同开展生命科学的理论和实践创新，将其努力建设成人工智能和生命科学交叉研究与转化的新高地。

5. 计算天文。随着 FAST、ALMA、SKA 等大型望远镜的陆续投入使用，我们通过射电望远镜捕捉到了巨量且丰富的宇宙信号。射电天文数据量大、复杂度高，如何从获取的海量数据中筛选、提取有效信息，逐渐成为制约天文学发展、探索宇宙奥秘的难题。传统的数据处理方式已难以应对超大数据规模与超高复杂度的天文大数据，应用智能计算技术已成为解决天文大数据问题的必由之路。2022 年 3 月 18 日，之江实验室计算天文团队论文登上《科学》杂志封面，发表题为《重复快速射电暴的频率相关极化——对其起源的影响》（Frequency Dependent Polarization of Repeating Fast Radio Bursts-Implications for Their Origin）的研究论文，指出重复快速射电暴处在类似超新星遗迹的复杂环境中。该论文创新性地提出利用重复快速射电暴偏振频率演化关系研究其周边环境的方法，首次提出了能够解释重复快速射电暴偏振频率演化的统一机制，为重复快速射电暴起源的众多理论模型提供了关键观测证据。快速射电暴（fast radio burst，FRB），一种遥远宇宙中的无线电波大暴发，虽然持续时间只有几毫秒，却能够释放出相当于太阳在一整天内释放的能量。自 2007 年射电天文学家邓肯·洛里默（Duncan Lorimer）教授和他的团队首次发现快速射电暴之后，这种新的天体物理现象已成为天文学领域的研究热点。目前，之江实验室正在研发 FAST 和未来 FAST 阵列所需的超大规模数据处理、分析与开放服务平台，支持脉冲星、快速射电暴、河外星系等天文新发现，引领宇宙"时间前沿"瞬变天体研究。2022 年 6 月，平台 1.0 上线，实现 FAST 观测数据流的常态化同步。利用智能计算，可以深度挖掘 FAST 高时频宇宙信号采样数据，探测迄今世界最短时标的天体辐射现象，探索宇宙的"时间前沿"无人区。

智能计算的之江布局

之江实验室在智能计算领域进行了深度布局，从第一层的智能计算理论体系，到第二层的各类新型计算机组成的硬件设施，再到第三层的操作系统和软件平台，最终支撑最上层各类应用，全面赋能科学研究和社会生活。

在智能计算芯片方面，实验室研发了存算一体芯片和类脑计算芯片。存算一体智能芯片基于 TiN/TaOx/HfOx/TiN 忆阻器件，在 180 nm 工艺节点上制备了 4 Mb 规模的 2T2R 忆阻器阵列，阵列单元可实现 5-bit 权重，芯片计算功耗达到 3.93 pJ/spike，单芯片模拟神经元规模 4 K，突触规模 4 M，在功能损耗、突触权重、精度指标方面达到了国际一流水平。

在智能计算硬件系统方面，实验室的主要成就体现在类脑计算机和智能超级计算机。一方面，实验室研制了我国首台基于自主知识产权类脑芯片的亿级神经元类脑计算机（Darwin Mouse），入选 2020 世界互联网领先科技成果。此外，实验室还同步研制了专门面向类脑计算机的操作系统——达尔文类脑操作系统（Darwin OS）；另一方面，实验室以新型计算范式为牵引，研究突破面向新型范式的融合智能计算系统结构、面向智能计算的存储架构、面向智能环境的操作系统、面向支撑融合计算结构的智能开发环境、面向融合计算的应用并行与加速技术等关键技术，研制自主可控的异构融合智能超级计算系统和软件栈，构建新型智能超级计算软件生态，期望智能峰值算力达到 1 EFlops（16 bit 混合精度），为国家新基建和大数据中心战略布局提供强有力的算力支撑。

在智能计算软件系统方面，实验室通过研究突破新型自动机器学习算法、高性能的大规模分布式计算模式与方法、面向深度学习的编译优化和端侧深度学习推断框架等核心难题和关键技术，构建了性能良好、技术领先于现有平台的人工智能框架，打造了业界领先、自主可控的深度学习平台——人工智能开源开放平台，并逐步构建完整的天枢平台产业生态。2020 年 8 月 1 日，之江天枢人工智能开源平台正式开源发布 1.0 版本；2021 年 8 月 30 日，发布 2.0 版本。该平台突破了模型并行、流水线并行和混合并行等关键技术，支持百亿参数级的超大规模模型训练，相比业界主流框架，吞吐率与加速比平均提高 20% 以上，任务精度达到业界一流水平。

在智能计算应用平台方面，实验室已经打造出智能交通平台、智能医疗数据平台、智能金融风控平台、智能教育平台、智能机器人云控平台等五大智能计算应用平台。

1. 智能交通平台。在多领域同步推进智能交通平台建设：一是自动驾驶方面，从传统的单车智能和目前国家新基建主推的车路协同（V2X）融合的技术路线出发，突破车道线检测追踪、可通行区域检测、实时目标检测、运动预测与跟踪技术，融合视觉与惯性测量单位（IMU）定位以及融合路网地图与车路协同网联设施的多模态定位修正等关键技术，提高在恶劣交通环境以及在部分遮挡、光照变化、天气变化等条件下的车道线检测跟踪、可通行域识别、动态车辆目标检测的高准确率和成功率，以及在全球导航卫星系统（GNSS）失效情况下，仍能减少定位累计误差，获得自动驾驶所需的高精度定位。二是数字孪生方面，重点突破海量异构数据可信修正和融合、高速公路设施环境的数字孪生交通流建模等关键核心技术，全面实现智慧高速交通流全时空运行态势感知、仿真、预测和决策的智能化。三是车联网方面，研究"端边云"协同车联网系统和交通管控中态势感知算法。四是软件工具包方面，提供面向无人车虚拟训练的仿真软件工具包，支持构建虚拟仿真测试场景和虚拟感知系统，保证仿真测试训练的有效性；提供高速公路交通流仿真工具包，基于元胞传输模型，对高速公路各类应急疏导方案实施后的动态演变过程进行中观仿真，并评估方案实施效果；提供多维交通数据融合软件工具包，该工具包基于时空坐标关联的异构数据特征空间融合技术和基于深度神经网络（DNN）模型的跨模态联合学习算法，生成多模态时空数据的共享表达。

2. 智能医疗数据平台。为解决医疗机构间数据异质性大、共享策略不完善、隐私保护下协同分析方法匮乏等实际问题，在临床电生理信号智能分析、多中心影像数据融合分析、多中心临床数据安全利用以及多中心生物医学大数据深度利用应用落地四个方面深入研究，开展面向多中心协同的生物医学智能信息技术平台构建及应用。目前，该平台已经取得了丰硕的成绩，包括：（1）研发完成国内最大规模电子病历知识图谱系统，覆盖 18 大类医学标准术语集，包含 479 万医学概念实例、3 531 万概念相互关系以及 9 600 万篇文献知识关联，临床术语覆盖范围达到国际领先水平。（2）创新临床数据深度利用模式，打破不同临床科室及医疗机构间的知识壁垒，支持多学科、跨国界的临床"高精尖"研究。（3）支持发掘出"沉睡"在真实世界临床数据海洋中被忽略的潜在疾病信息，为重大疾病早期发现、风险预警和早期诊治提供一种崭新的途径。目前该项技术的应用推广和产业转化工作已经启动，未来将对 80—100 种全科常见疾病的辅助诊断与早期预警提供底层智能化医学知识体系支撑。

3. 智能金融风控平台。为洞察和应对金融活动中潜藏的各类风险，结合实际应用场景，探索智能计算技术在金融风控领域的应用，打造在多金融领域通用的风险自动识别的智能金融风控平台。以车险理赔反欺诈为代表性场景，在已有的机器学习车险理赔反欺诈算法和系统的基础上，以基于结构化数据和监督学习算法框架的自动化特征工程算法研究、基于保险科技知识图谱的构建及知识推理算法研究、基于文本数据和自然语言处理技术的文本风险特征挖掘算法研究、基于图像数据和计算机视觉技术的图像风险特征挖掘算法研究四个方面为切入点，进一步构建多源异构数据的车险承保和理赔智能化系统，构建与真实业务场景对接的能力，并通过与车险公司或保险科技公司合作，进行相关科研成果和平台建设成果的商业化价值验证。

4. 智能教育平台。以机器人工程专业教学作为智能教育平台的首个代表性应用场景，探索智能计算技术在教育领域的应用。通过搭建面向机器人工程专业教学的智能教育系统，提供以学习能力挖掘以及强化教育公平和高效为目标的教育服务供给，主要开展基于数字素材的模块化备课技术研究、基于理论教学与软件实操强交互的学习空间站搭建、基于模块化备课技术与知识图谱技术的数字素材库搭建、基于知识图谱技术的用户画像和学习行为研究四方面研究和建设内容。

5. 智能机器人云控平台。围绕我国在工业、服务、医疗、养老等智能机器人领域的重大战略布局，面向传统产业转型升级需求，以云计算、边缘计算、机器人学、人工智能、智能网络等多学科交叉融合为基础，探索研究"端边云"协同计算、机器人群体协作决策控制、机器人知识表达及共享等核心关键技术的突破与创新，构建国际领先的智能机器人云控平台，解决当前机器人产业应用所面临的智能水平低、协作能力差等诸多严峻挑战，并将平台能力开放给机器人领域开发者，提供机器人核心算法和开发工具，助力开发者研发机器人产品及应用，推动智能机器人产业发展。

第四节　智能计算的应用场景

随着智能计算技术的迭代更新和快速发展，其应用场景也越来越广泛。在不久的将来，智能计算在科学研究、社会治理、数字经济和生命健康等诸多领域会以前所未有的深度、广度和力度落地生根、开花结果，推动人类的生产方式和生活方式发生超出想象的巨变。在未来的生活世界中，智能计算将伴随数字化融入社会生产、生活、科研、教育等方方面面，成为支撑智慧社会的基础，使生产力、生产关系与生产资料呈现出某种新的形态。

智能计算与科学研究

科学研究中的计算是智能计算的经典实例，在物理学、力学、天文学、材料学、生物学等学科中都起到了关键作用。近年来，硬软件计算能力和人工智能技术的发展极大地推动了计算在各个领域中的应用，并在计算生物学等领域取得了颠覆性的成就。在智能计算的视角下，我们需要在系统化的视角中整合硬件效能、软件能力、算法研究和科学领域的专业知识，打造更丰富的应用场景，助推各个领域的科学研究。

比如，在计算生物学—蛋白质结构预测领域，在过去的几十年中，研究人员主要使用如冷冻电子显微镜、核磁共振和 X 射线等实验科学仪器，采用实验的方法，来确定蛋白质形状，存在工作量大、时间长久、成本昂贵等缺点，限制了蛋白质预测工作的发展，但智能计算能精准赋能蛋白质结构预测。2021 年 7 月，发表在《自然》杂志上的阿尔法折叠（Alpha Fold AI）模型，成功预测了 95% 的人类蛋白质结构，包括常用生物共 35 万蛋白质，解决了困扰生物学 50 年的难题。

近两年来，计算生物学中的各种 AI 模型运用层出不穷，在预测蛋白质 3D 结构等任务上大放异彩，在准确率不断提升的同时，计算速度和算力需求也不断优化，对生物学研究起到了极大的促进作用。

计算应用领域的最高学术奖项被称为"超算领域的诺贝尔奖"，由 ACM 每年评选和颁发。

表 1　智能计算在科学研究中的潜在应用领域

潜在应用领域	应　用　展　望
地球科学	为地球科学海量数据采集、分析提供全新途径，可视化分析、智能传感和智能反演等技术有效助力地学研究，智能计算正在帮助地球科学从定性分析转向定量研究。
化　学	帮助打破分析化学中人工特征选择的瓶颈，提升多个尺度计算化学方法的精度和效率，使得化合物的自动化设计与合成成为可能，加速高效催化剂设计和开发。

潜在应用领域	应　用　展　望
数　学	利用智能化算力资源，运用逻辑推理判断，给定数学推理系统和定理正确与否；解决深度神经网络参数估计优化问题、算法可解释性问题，推动人工智能数学基础理论进展。
物理学	利用大规模智能算力，模拟物质与反物质碰撞过程中粒子间相互作用，模拟核聚变反应中等离子体行为等最复杂的粒子互动，来发现世界运行规律。
生命科学	借用智能计算的网络分析和模型分析能力，整合基因、细胞、组织、器官、个体各个生命层次，开展系统生物学研究；依靠智能计算的数据分析，从核酸、蛋白质序列中发掘联系和规律，开展生物信息学研究；利用智能计算的智能算力进行蛋白质结构预测，开展计算生物学研究。
生态学	利用智能计算资源对气候、环境、磁场进行模拟，发现生态学规律，判断气候变化、二氧化碳含量变化、磁场变化的趋势，预测海啸、地震等自然灾害事件。

智能计算与生命健康

生命健康是智能计算中关系民生的重要应用领域，关系到医疗卫生、重大疾病防控、食品药品安全等重大民生问题。智能计算技术的应用在一定程度上，能为医疗资源分布不平衡、技术壁垒高、药物研发周期长等问题提供解决方案，能极大地推动医疗服务水平向前发展，提升社会整体医疗水平，增强疾病防控能力，深刻影响着行业的前进方向。如今，在智能计算的有力助推下，生命健康的多个领域已经发生显著变化。

比如，在微型生物机器人领域，来自美国塔夫茨大学（Tufts University）和佛蒙特大学（University of Vermont）的研发团队，成功开发了第二代微型生物机器人"Xeno-bots"。同样基于非洲爪蟾细胞构建，但与第一代相比，第二代不仅能实现单细胞的自主组合，它的移动速度还更快，可以在不同环境中移动，且具有更长的使用寿命，甚至还展示出了可存储记忆的能力。同时，它们仍然具有团队合作的能力，并且可以在受到损坏后进行自我修复。目前，这一最新研究成果已于美国时间 3 月 31 日发表在《科学·机器人学》（*Science Robotics*）期刊上，论文题目为《用于开发合成生命机器的蜂窝平台》（A Cellular Platform for the Development of Synthetic Living Machines）。

活体机器人的研发技术，在智能计算的帮助下不断迎来突破，而这个领域未来的发展将与生物技术密不可分。正如论文通讯作者、塔夫茨大学（Tufts University）生物学教授米切尔·莱文（Michael Levin）博士表示在演讲中提到的，第二代微型生物机器人"Xeno-bots"在执行任务或医疗方面潜力非凡，而这项研究的价值就在于，用机器人研究来了解单个细胞如何聚集、交流、创建生物体。这是一种新的模型系统，或许可以基于这个系统进行一些再生医学方面的研究。

表 2　智能计算在生命健康中的潜在应用领域

潜在应用领域	应　用　展　望
生物机器人	生成潜在生物活体机器人解决方案，反复挑选和诱变最有希望的解决方案，在虚拟环境中进行测试，最终生成最优生物机器人方案。
组学信息分析	利用智能计算技术，对信息进行存储、共享、挖掘和分析，用于突破基因测序、蛋白质分析、代谢产物分析等技术产生的海量数据和信号难以高效处理的瓶颈。
生理系统仿真	利用智能计算高效、智能的技术特点，建立物理、化学、数学模型来模拟生理系统，解决生物医学中有关作用机制的基础性问题，支撑智能化医疗设备的研发。

潜在应用领域	应　用　展　望
医学影像	通过对医学图像和信息进行计算机智能化处理，使图像诊断摒弃传统的肉眼观察和主观判断，借助计算机技术，对图像的像素点进行分析、计算、处理，得出相关的完整资料，为医学诊断提供更客观的信息。
辅助医生诊疗决策	智能计算将参与到电子病例建设中，为医生和其他卫生从业人员提供临床决策支持（CDS），通过计算、数据、模型等辅助完成临床决策。降低因用药不当或操作不当造成的医疗事故的概率。
公共卫生管控	用于对社交媒体数据或者搜索引擎数据分析，检测公共卫生事件如新型冠状病毒肺炎暴发程度，预测事件发展趋势。通过打造公共卫生事件智能管理系统（如数字二维码），监测移动数据，管控疾病。
远程诊疗	通过智能计算的"端边云"协同，对个体生命体征进行实时感知和检测，及时发现和定位问题，并为患者的远程诊疗提供帮助。
慢性病监测	通过可穿戴设备，实现身体状况的不间断收集，基于数据分析和比对，实现慢性病监测预警，助力慢性病健康管理。

智能计算与数字经济

　　数字经济作为国家重点发展的经济方向，各种技术革新层出不穷。智能计算的发展，人工智能技术的革命，也在不断更新着经济模式。智能计算推动下的数字经济，势必会催生很多新的经济业态，新的消费需求与新的商业模式将会不断出现。可以预见，智能计算在数字经济方面的应用将会不断涌现，并推动数字经济产业蓬勃发展。

　　比如，在智能制造领域，无人工厂经常出现在电影情节中，这既是人们对于未来生产制造方式的一种畅想，也间接引导着科学技术的发展。随着智能计算技术的进一步发展，无人工厂不仅局限于自动化生成，而且要实现更多智慧的生产功能。

在近些年的尝试模式中，中国企业正在"无人工厂"这条路上快速奔跑。小米建成投产的出货量 100 万台高端手机的无人工厂中，只需要人工下料，其他生产均由机器完成。对比业内的其他先进工厂，小米的手机工厂整厂仅有 100 多位工程师，却达到高于业界 25% 的生产效率。未来，小米将要规划建设年产量达千万台的无人工厂，这个无人工厂将实现百分之百的无人，全部生产由机器完成，因此生产过程中无须开灯，被戏称为"黑灯工厂"。

海尔家电是我国的知名品牌，其最新的无人工厂，将原来需要 92 人的洗衣机生产线变成了只需 1 人。海尔的未来将要建成的无人工厂又被称为"无灯工厂"，没有电灯，没有人。机器人和生产线可以对话，市场信息来了之后，机器人和生产线会作出反应，满足个性化的生产需求。海尔的无人工厂不是在原有的生产线逻辑上小修小改，它基于物联网技术，打通商业、制造、消费三个环节，带来颠覆性的成果，目前是中国工业 4.0 的典型示范。

随着工厂智能化、无人化程度越来越高，真正的无人工厂在不久将会出现。

表 3　智能计算在数字经济中的潜在应用领域

潜在应用领域	应 用 展 望
智能机器人	智能计算赋予了机器人学习能力和灵活性，使机器人逐渐从"自动化"迈向"智能化"。基于机器人新型结构/材料/驱动/仿生，突破运动控制与定位导航、环境感知与场景理解等关键技术，研制既具备机器人肢体，又具备类人智慧的机器人。

潜在应用领域	应　用　展　望
数字创意	运用机器学习，支持图像、视频等数字内容的创作，已经成为数字创意领域发展焦点。构建基于知识的机器人类人智能决策系统，研究可控制、可解释的符合设计认知的数字创意智能设计技术，实现高分辨率/高帧率等数字创意内容的可控生成，在影视、新闻、教育等行业中进行应用。
元宇宙	以智能计算赋能数字孪生、智能感知与感官呈现等未来数字生态的形态出现，满足元宇宙时代大规模用户实时虚拟沉浸体验的需求，以及对智能计算、超级计算算力等方面的技术要求。
人造生命	基于强大算力基础、大规模数据模型、领域知识与认知推理等智能计算能力，赋能基因编辑、合成生物学、生物制造等领域，使得人造生命成为现实。
类脑智能	以计算建模为手段，探索研究受脑神经机制和认知行为机制启发的新型智能计算方式，并通过软硬件协同的方式实现类脑智能，最终达到或超越人类智能水平。

智能计算与社会治理

随着智能计算的介入，人类社会正在步入一个人机物三元融合的新纪元，社会的可计算性、可模拟性、可虚拟性得到了极大提升，社会治理的各个领域都发生了革命性变化，既为群众带来了更优的生活、工作体验，也为社会稳定、高效、安全的运行提供了支撑，更是进一步引发了我们对智能计算赋能社会治理的无限遐想和期待。

比如，在社会推演分析领域，疫情暴发后，南方科技大学研发了"人流大数据和人工智能驱动的新型冠状病毒传播建模预测和模拟推演平台"，基于人流移动，在城市范围内模拟预测新型冠状病毒肺炎的传染情况，极大助力公共防疫。

在社会治理当中，假如我们能提前预知未来发展态势，做出相应的举措，就可以避免社会问题的发生，社会推演分析的目的即是如此。随着智能计算技术的不断发展，社会推演分析的应用领域不断拓宽、准确度大幅提升，越来越多的应用场景正在涌现，推动社会治理从事后补救向事前预防转变，促进社会治理进一步向精准化、科学化和智能化转变。

表4 智能计算在社会治理中的潜在应用领域

潜在应用领域	应 用 展 望
政策仿真	智能计算带来的算力跃升和算法丰富，使基于海量数据的政策仿真越来越准确，政府施策精准度进一步提升。
城市治理	城市国土空间的模拟推演及监测预警，为城市空间的规划、设计、施工、运维各阶段提供智慧化的计算手段，感知城市体征，检测城市活动，预演城市未来，实现城市的精细化管理与精准化治理。
双碳治理	探索利用智能计算技术，创新社会控制理论与技术，在特定的时间节点内，在一个融合生态系统、经济市场、社会系统等开放复杂的巨系统中，精准实现"碳达峰""碳中和"目标。
社会不平等治理	结合分析与计算，对城市住房条件、平均收入以及死亡率、发病率等统计数据，对城市社会、经济、环境和健康等方面的不平等情况进行呈现与分析，预测与应对社会不平等状况。
社会实验	为应对人工智能发展对人类社会在法律隐私、道德伦理、公共治理等方面的潜在风险，提前做好研判和防范，确保人工智能安全、可靠、可控，实施开展长周期、宽区域、多学科综合人工智能社会实验，深入理解人工智能技术的社会影响特征与态势，准确识别人工智能对人类社会带来的挑战和冲击，为治国理政提供坚实的理论和数据支撑，对提早应对人工智能技术发展与应用带来的社会影响问题做出战略部署。

结　语

　　之江实验室即将迎来成立五周年的重要节点。五年历程，虽然在历史长河中只不过是沧海一粟，但对于一家以"争创世界一流实验室"为历史使命的新型研发机构而言，却是波澜壮阔的历史性跨越，足以谱写一段革故鼎新、成就辉煌的奋进篇章。正如浙江省委书记袁家军2022年2月8日在实验室调研时指出的那样："经过4年的努力，之江实验室已经进入全新发展阶段。""全新发展阶段"这一重要判断和准确定位，全面吹响了之江实验室新一轮快速发展的冲锋号。

　　进入全新发展阶段，之江实验室有底气。之江实验室成立以来，聚焦核心方向，紧扣科技创新与体制机制创新主责主业，全面推进实验室高质量发展。反复迭代形成五大科研方向、布局十大科研项目群，并突出智能计算核心方向，抢占高地，形成体系性优势；大力推进"数字反应堆"等重大科学装置平台建设，联合国内多个领域的最强科研团队，形成科研生态体系；谋划推进与国家战略科技力量使命任务相匹配的人才队伍建设，持续优化迭代人才引育制度；形成覆盖基础研究、应用研究和成果转化的全链条创新体系。2021年6月，之江实验室成功进入国家实验室体系，国家战略科技力量建设取得重大突破。所有的这些成绩，都为之江实验室下一阶段的发展奠定了坚实的基础。之江人有这份底气，应对未来道路上的风险与挑战。

　　进入全新发展阶段，之江实验室有方向。心中有方向，行动才有力量。新的发展阶段，我们要朝哪里去？这是一个根本问题。当前，新一轮科技革命和产业变革正加速酝酿，多学科动态交叉与技术群发式突破相互叠加，重大工程牵引体系化创新和产学研用一体化的特征越来越明显。之

191

江实验室作为科学高峰的攀登者，始终牢牢坚持以建设具有世界一流水平的突破型、引领型、平台型一体的国家实验室为目标，以重大科技攻关和重大科技基础设施建设为主线，以形成原创性、引领性、颠覆性成果为追求，用超常规举措打造智能计算、智能感知和人工智能"三大体系性优势"，实现智能计算的"中国定义"。"摸着石头过河"的日子已成过去，清晰的发展目标、科学的发展规划，必将引领之江实验室迈上新的征程。

进入全新发展阶段，之江实验室有信心。自主发展，是之江实验室进入全新发展阶段的主要特征。实验室以"高原造峰"为基本理念，集智攻关，在成立初期依靠"两核"等外部力量，快速打开了科研团队配置和项目攻关局面。随着科研方向的不断聚焦、项目群的批量上马、核心科研团队的不断扩大、装置平台的加快建设，实验室已经形成了强大的自主科研力量，实现了向"自我主导与外部协同相结合"良性格局的转变。这种发展态势的"质的转变"，使得之江人的信心更加坚定、干劲更加充足、姿态更加主动。我们完全有理由相信，之江人一定会坚定地扛起国家赋予的新使命，在战略目标上保持定力，在战术推进中只争朝夕，把之江实验室建成高水平国家实验室和世界一流创新中心。

飞鸿响远音，乘风启新程。站在一个全新五年的起点上，之江实验室在科技自立自强的赛道上，用"自主发展"的实力与竞争力，从"跟跑"到"并跑"再到"领跑"，正在悠然奏响建设国家战略科技力量的崭新乐章。

参考文献

1. 习近平. 走好科技创新先手棋 就能占领先机赢得优势［EB/OL］. http://www.xinhuanet.com//politics/2014 - 05/24/c_1110843342_2.htm，2014 - 05 - 24.

2. 习近平. 在中国科学院第十七次院士大会、中国工程院第十二次院士大会上的讲话［EB/OL］. http://www.gov.cn/xinwen/2014 - 06/09/content_2697437.htm，2014 - 06 - 09.

3. 习近平. 科技实力决定着各国各民族的前途命运［EB/OL］. https://www.chinanews.com.cn/gn/2014/06 - 09/6260803.shtml，2014 - 06 - 09.

4. 习近平. 习近平在纪念邓小平同志诞辰 110 周年座谈会上的讲话［EB/OL］. https://www.dswxyjy.org.cn/n1/2021/0315/c436885 - 32051640.html，2014 - 08 - 20.

5. 习近平. 关于《中共中央关于制定国民经济和社会发展第十三个五年规划的建议》的说明［EB/OL］. https://www.ccps.gov.cn/zt/xxddsbjwzqh/zyjs/201812/t20181211_118211_2.shtml，2015 - 04 - 11.

6. 习近平. 习近平：努力开创中国特色大国外交新局面［EB/OL］. http://www.xinhuanet.com/politics/2018 - 06/23/c_1123025806.htm，2018 - 06 - 23.

7. 习近平. 习近平主持中央政治局第二十四次集体学习并讲话［EB/OL］. http://www.gov.cn/xinwen/2020 - 10/17/content_5552011.htm，2020 - 10 - 17.

8. 习近平. 把握新发展阶段,贯彻新发展理念,构建新发展格局［EB/

OL］. https：//www. ccps. gov. cn/xxsxk/zyls/202105/t20210506_148587. shtml，2021－04－30.

9. 习近平. 在中国科学院第二十次院士大会、中国工程院第十五次院士大会、中国科协第十次全国代表大会上的讲话［EB/OL］. https：//www. ccps. gov. cn/xxsxk/zyls/202105/t20210529_148977. shtml，2021－05－28.

10. 习近平. 为建设世界科技强国而奋斗——在全国科技创新大会、两院院士大会、中国科协第九次全国代表大会上的讲话［J］. 科协论坛，2016（06）：4－9.

11. 白光祖，彭现科，王宝，等. 面向经济主战场强化国家战略科技力量的思考［J］. 中国工程科学，2021，23（06）：120－127.

12. 戴显红. 新中国70年强化国家战略科技力量的多维考察［J］. 宁夏社会科学，2019（03）：26－31.

13. 樊春良. 国家战略科技力量的演进：世界与中国［J］. 中国科学院院刊，2021，36（05）：533－543.

14. 高斌，段鑫星. 我国省域创新创业环境评价指标体系构建及测度［J］. 统计与决策，2021，37（12）：70－73.

15. 郭金明. 实验室的演化历史及其对我国组建国家实验室的启示［J］. 自然辩证法研究，2019，35（3）：7.

16. 贺璇. 新型研发机构的发展困境与政策支持路径研究［J］. 科学管理研究，2019，37（06）：41－47.

17. 赖志杰，任志宽，李嘉. 新型研发机构的核心竞争力研究——基于竞争力结构模型及形成机理的分析［J］. 科技管理研究，2017，37（10）：115－120.

18. 刘云，翟晓荣. 美国能源部国家实验室基础研究特征及启示［J］. 科学学研究：2021：1－21.

19. 罗君. 高新技术企业的风险控制研究［J］. 中国高新区，2018

（06）：2－3.

20. 聂继凯，赵凯博. 国家实验室的项目制建设方法研究——以中美4个国家实验室为例[J]. 科技管理研究，2019，39（19）：124－130.

21. 阮少伟. 协同创新背景下"政产学研"合作新型研发机构的构建[J]. 中国高校科技，2021（03）：71－74.

22. 沈彬，张建岗. 新型研发机构发展机理及培育机制研究[J]. 科技管理研究，2020，40（15）：133－139.

23. 谭小琴. 跨越"死亡谷"：新型研发机构的三维创新[J]. 自然辩证法研究，2019，35（01）：39－43.

24. 王鹏，宋庆国. 美国航空领域国家实验室发展历程及创新特征研究[J]. 全球科技经济瞭望，2020，35（08）：49－56.

25. 王向军. 新型举国体制的核心优势与时代意义[J]. 人民论坛，2021（27）：65－67.

26. 吴卫，银路. 巴斯德象限取向模型与新型研发机构功能定位[J]. 技术经济，2016，35（08）：38－44.

27. 夏太寿，张玉赋，高冉晖，等. 我国新型研发机构协同创新模式与机制研究——以苏粤陕6家新型研发机构为例[J]. 科技进步与对策，2014，31（14）：13－18.

28. 肖小溪，李晓轩. 关于国家战略科技力量概念及特征的研究[J]. 中国科技论坛，2021（03）：1－7.

29. 薛雅，陈静. 新型研发机构政策演进与特征分析——基于文本挖掘视角[J]. 科技创业月刊，2021，34（01）：76－86.

30. 尹西明，陈劲，贾宝余. 高水平科技自立自强视角下国家战略科技力量的突出特征与强化路径[J]. 中国科技论坛，2021（09）：1－9.

31. 原长弘，王钰莹，刘朝. 政府—发起单位双元构建模式研究——基于重庆四家新型研发机构的多案例研究[J]. 中国科技论坛，2019

（02）：22－28.

32. 张杰. 构建中国国家战略科技力量的途径与对策［J］. 河北学刊，2021，41（05）：171－181.

33. 张玉磊，李润宜，刘贻新，等. 广东省新型研发机构现状分析研究［J］. 科技管理研究，2018，38（13）：124－132.

34. 赵学林，张馨玉，宋岳. 美国能源部核领域国家实验室建设对我经验启示［C］//中国核科学技术进展报告（第七卷）——中国核学会2021年学术年会论文集第8册（核情报分卷），2021：227－231.

后　记

新时代呼唤新体制，新体制铸就新力量。如何打造国家战略科技力量？如何参与关键核心技术攻关的新型举国体制建设？如何实现新型研发机构体制机制创新？本书基于之江实验室五年的探索历程，尝试给出一种可能的回答。

遵循习近平总书记提出的"干在实处、走在前列、勇立潮头"的要求，浙江省面向国家战略导向和国际学术前沿，在科学技术研究和科研管理体制创新方面不断奉献"浙江方案"。之江实验室根据国家和浙江省的部署，精心规划设计，科学谋篇布局，着力打造高水平科技自立自强的先行区、科技体制改革创新的先导区。本书正是对这条创新之路的回望与反思。书中阐述了之江实验室的多重探索，包括实验室体制机制构建、主要特色和初步成效，实验室重点科研成就和特色亮点，并通过真实故事诠释以"科学精神，家国情怀"为核心的实验室精神，推演实验室人才引进、培育、管理经验，分析实验室组织、制度、设施、资金、后勤等保障体系，探讨实验室内部学术文化、科研创新模式、外围合作生态，等等。虽然难免有所疏漏，但总体上也自成一体。

本书的写作目的，主要出于如下三个方面的考虑：

一、通过之江实验室的典型案例，分析和解读国家战略科技力量、社会主义市场经济条件下关键核心技术攻关的新型举国体制、新型研发机构内涵特征，为实验室内外的朋友们提供一个讨论的起点，并引发新的思考与探索。

二、站在"国之大者""国之重器"的高度，以理论与实践相结合的形式，探讨面向国家重大战略需求的科技创新路径、运行方式和保障机制，从而促进新时代科研管理、科技政策方面的理论研究与应用研究。

三、基于"三重视域"（国际前沿、国家战略、浙江特色），从"三个维度"（学术硬核成果、体制机制变革、文化环境营造）入手，做立体描述和分析，试图为科技与社会、科技与文化、科技与管理的交叉研究提供一种新的范例。

此外，本书在写作风格上，力求三个"结合"：

一、重大政策诠释与典型案例分析结合。尊重客观事实和实践规律，认真总结之江实验室五年发展历程，努力实现理论与实践的融合汇通。

二、学理性与叙事性结合。兼顾科技政策的分析解读和实验室建设机理的深度探究，注重案例的鲜活性和叙述的感染力，期望形成"有理、有味、有料、有用"的鲜明特色。

三、纵向比较与横向比较结合。综合近年来国家、浙江省、之江实验室科技创新的发展、演变，并与国外相关科研机构进行横向对比，回顾过去，立足当下，着眼未来。

本书凝聚着课题组所有成员的智慧与心血。白惠仁、王昊晟、马小懿、洪峥怡、祝文昇、周佳旖、章含圆、张宝兰等参与了相关材料的收集整理和部分章节的写作；张炳剑和薛飞不仅撰写和修改了书稿的部分内容，而且还参与了全书的统稿工作。

之江实验室的领导和相关部门负责人参与了书稿的讨论，提出了许多宝贵的和建设性的意见。特别是陈伟、刘炜彬、陈航、孙韶阳、钱一凡等为本书写作提供了大量素材，并对有关章节的内容做了补充完善。

在本书初稿的研讨会上，吴伟、徐贤春、何方、董文明、郭晓、王瑞祥、郑亦冰等老师提出了十分中肯、颇有见地的意见。

在此，我们对上述各位老师、同事一并表示诚挚的谢意！

尤其值得一提的是本书第七章，我们采用了之江实验室编写小组编写的《智能计算白皮书》的很多内容，谨向万志国等编写小组的各位老师致以衷心的感谢！

　　最后，我们要特别感谢实验室首席科学家潘云鹤院士为本书作序，这是对我们最大的信任和鼓励！

　　本书难免存在诸多不足甚至错漏之处，敬请大家批评指正。